Aus dem Mund der Kinder
erschaffst du dir Lob

Konkrete Liturgie

Gabriele Domaschka-Schötz
Petra Löw, Susanna Nickl

Aus dem Mund der Kinder erschaffst du dir Lob

Gottesdienste mit Kindergartenkindern

Verlag Friedrich Pustet
Regensburg

Kirchliche Druckerlaubnis
Regensburg, 12. Januar 2001
Dr. Wilhelm Gegenfurtner, Generalvikar

Die Deutsche Bibliothek – CIP-Einheitsaufnahme
Ein Titeldatensatz für die Publikation ist bei
Der Deutschen Bibliothek erhältlich.

ISBN 3-7917-1735-9
© 2001 by Verlag Friedrich Pustet, Regensburg
Umschlaggestaltung:
Martin Veicht, Cornelia Hofmann. form fünf, Regensburg
Satz und Layout: MedienBüro Monika Fuchs, Hildesheim
Druck und Bindung: Friedrich Pustet, Regensburg
Printed in Germany 2001

Für
unsere Kinder

Lisa, Simon,
Sebastian, Katharina, Maximilian,
Fabian (†), Lea und Sina

Inhalt

Gottesdienste mit Kindergartenkindern feiern. 15 Modelle

Anhang

Vorwort

„Durch unsere Kinder sind wir Gott ein Stückchen näher." – Diese Erfahrung machten wir in den Vorbereitungstreffen zu unseren Gottesdiensten. Um die entsprechenden Bibelstellen in kindgerechte Sprache zu übersetzen und die Inhalte für Kindergartenkinder verständlich aufzubereiten, mussten wir uns selbst intensiv damit auseinandersetzen und uns ganz neu auf Gott einlassen. Unser Dank gebührt daher an erster Stelle unseren eigenen und allen mitfeiernden Kindern, die uns mit der Ausschließlichkeit des Glaubens und ihrem bedingungslosen Gottvertrauen neue Impulse für unser eigenes religiöses Leben geben.

Alle Gottesdienstmodelle, die im vorliegenden Buch zu finden sind, haben wir in der angegebenen Weise mit den Kindern gefeiert. Durch die dabei regelmäßig entstandene intensive Stimmung waren die Kinder immer mit großer Aufmerksamkeit und Freude dabei. Besonders deutlich wurde das, wenn die Kinder nach Abschluss des Gottesdienstes sitzen blieben. Diese Stimmung übertrug sich auch auf die übrigen Mitfeiernden. So tun diese Gottesdienste nicht nur Kindern, sondern auch den teilnehmenden Erwachsenen gut.

Danken wollen wir auch unserem Messner, Herrn Olbrisch, der mit seiner Fürsorge eine wohltuende Atmosphäre in unserer Pfarrkirche schuf. Nicht zuletzt danken wir Herrn Pastoralreferent Peter Nickl, der uns bei der Erarbeitung dieses Buches theologisch beratend zur Seite stand, die liturgische Feinarbeit leistete und in seiner Freizeit unsere Manuskripte am Computer bearbeitete.

Allen Leserinnen und Lesern dieses Buches wünschen wir die gleiche Freude und Begeisterung bei der Vorbereitung und Feier der Gottesdienste, die auch uns erfüllt. Möge der göttliche Funke überspringen.

Irlbach im November 2000
> Gabriele Domaschka-Schötz, Petra Löw, Susanna Nickl

Einführung

Vorüberlegungen

Vor drei Jahren haben wir damit begonnen, Gottesdienste für Kinder im Kindergartenalter vorzubereiten. In dieser Zeit haben wir Erfahrungen gesammelt, die es an andere weiterzugeben lohnt. An den Anfang stellen wir einige grundsätzliche Überlegungen, die uns bei der konkreten Ausarbeitung unserer Gottesdienste geleitet haben:

1. Wie soll der Gottesdienst bezeichnet werden? Die Forderung nach einem eindeutigen Titel

Man spricht oft von: Krabbel-, Zwergerl-, Bambini- und Kleinkindergottesdienst, „Wagerlmess" oder Kinderkirche. Passen diese Etiketten aber zum Inhalt? Erleben die Teilnehmer/innen eines Krabbelgottesdienstes Kinder, die im Krabbelalter sind? – Handelt es sich bei der „Wagerlmess" wirklich um eine Eucharistiefeier mit Kinderwagenfahrern? ...

Manchmal werden solche Gottesdienste belächelt, auch von Pfarrern und hauptamtlichen Mitarbeitern. Begriffe wie religiöse Kuschelecke oder gottesdienstliche Spielwiese drücken die mangelnde Wertschätzung aus. Liegt das vielleicht auch an der undeutlichen und verniedlichenden Bezeichnung? – Da Sprache die Wahrnehmung prägt, legen wir schon in der Benennung wert auf Eindeutigkeit. Wir feiern daher immer einen „Gottesdienst mit Kindergartenkindern"!

2. Wen wollen wir ansprechen? Die Frage nach der Zielgruppe

Die nachfolgenden Überlegungen zur Zielgruppe und die daraus resultierenden Konsequenzen in der Gestaltung haben sich aus unseren praktischen Erfahrungen ergeben und sollen einen Beitrag zur Reflexion der eigenen gottesdienstlichen Situation liefern, gerade wenn Unruhe und mangelnde Beteiligung bei den Kindern festgestellt werden.

Das Alter der teilnehmenden Kinder ist entscheidend für die Wahl der Gestaltungsform und -methode. Die Erfahrung zeigt, dass es sich nicht empfiehlt, ein gemeinsames Angebot für alle Kinder zu machen, die noch nicht in die Schule gehen (d. h. Kinder von 0–7 Jahren), da die Voraussetzungen zu unterschiedlich sind:

- Kinder von *0–3 Jahren* benötigen einen stark emotionalen Zugang. Die Ziele dürfen nicht zu hoch gesteckt werden. Es werden den Kindern elementare Gefühle und Bedürfnisse erschlossen. Wichtig wäre in diesem Alter, mit den Kindern das Beten zu lernen. Sinnvoller Ort dafür ist die Familie.
- Kinder von *3–7 Jahren* können schon eher auf rationaler Ebene angesprochen werden. Die Fähigkeit zu leichten Transfers, Vorstellungsvermögen und Konzentration ermöglichen einfache Katechesen.
- *Geschwister*: Die Kinder sollten so „groß" sein, dass sie sich auf die Dauer eines gemeinsamen Gottesdienstprozesses einlassen können und eine Legearbeit in der Mitte des Stuhlkreises nicht „beschädigen". Daher sitzen im Kreis in der Regel *nur* Kinder der Zielgruppe! Kleinere Geschwister haben eine kürzere Zeitspanne, in der sie sich konzentrieren können. Sie werden dann unruhig. Die Unruhe bewirkt ein Auseinanderfallen der Aufmerksamkeit der übrigen Kinder. Ältere Geschwister könnten sich unwohl fühlen, da sie unter Niveau angesprochen werden. Eine oft beobachtete Folge bei diesen Kindern war entweder Langeweile oder ein „An-sich-reißen" des Gesprächs bzw. der Handlung.
- *Eltern*: Da mit den Kindern auch deren (Groß-)Eltern anwesend sind, ist darauf zu achten, dass beide Personengruppen sich im Gottesdienst beheimatet fühlen und für sich etwas vom Gottesdienst „mitnehmen" können. Sie dürfen sich nicht als Zuschauer oder Aufsichtspersonen vorkommen, sondern sollten sich eingeladen fühlen, den Gottesdienst als Erwachsene aktiv mitzufeiern.

3. Wo feiern wir Gottesdienst? Die Frage nach dem Ort

Die Kirche drängt sich als Ort für den Gottesdienst förmlich auf. Dafür wurde sie gebaut, das ist ihre Bestimmung. Zumindest würden wir immer einen Gottesdienstraum (z. B. Kapelle) einem normalen Raum (Gruppenraum, Pfarrsaal o. ä.) vorziehen.

Die Kinder lernen so die Kirche als einen Ort kennen, an dem man sich trifft, wo man mit Gott sprechen kann. Die Kirche wird immer mehr zu einem Ort, an dem sie zu Hause sind. Gegenargumente wie wenig Platz, Heizung, Bestuhlung usw. können nur bedingt überzeugen.

Der Platz in der Kirche, an dem der Gottesdienst gefeiert werden soll, sollte möglichst quadratisch und ohne gefährliche Stufen sein. Hier versammeln sich Erwachsene und Kinder im Kreis (Stuhlkreis). Die Kinder sitzen im inneren Kreis auf Kinderstühlen, Trapezbänken (evtl. aus dem Kindergarten) o. ä., die Eltern auf Stühlen dahinter. Es ist darauf zu achten, dass Kinder nicht auf „Erwachsenen-Stühlen" sitzen müssen. In unserem Fall bringen die Kinder zum Gottesdienst ihr eigenes Sitzkissen mit. Sollte ein Kind sein Kissen vergessen haben, liegen einige als Reserve bereit.

Bei einem Doppelkreis ist darauf zu achten, dass auch die Personen in der zweiten Reihe sich zur aktiven Teilnahme am Gottesdienstgeschehen eingeladen fühlen. Alle haben Blickkontakt zu allen, alle haben einen gemeinsamen Mittelpunkt. In der Mitte entsteht ein Ort für Begegnung, Bewegung und Legearbeit.

4. Wann ist es Zeit? Von der Suche nach dem geeigneten Zeitpunkt

Der Gottesdienst mit Kindergartenkindern kann an jedem Tag der Woche gefeiert werden. Wird als Termin der Sonntag ausgewählt, hat sich der Nachmittag ab 16.00 Uhr (mit Rücksicht auf den Mittagsschlaf der Kinder; einen Spaziergang; das Kaffeetrinken der Familie …) bewährt. Die Zeit während des sonntäglichen Gemeindegottesdienstes bietet sich dagegen nicht an, da die Möglichkeit bestehen bleiben sollte, dass sich die ganze Pfarrgemeinde – ob Groß oder Klein – zur Eucharistiefeier versammelt. Der Gottesdienst sollte nach ca. 20 bis 30 Minuten abgeschlossen sein.

Die Häufigkeit der Gottesdienste ist abhängig von den Kapazitäten des Vorbereitungsteams und den Möglichkeiten vor Ort. Bewährt hat sich ein monatliches Angebot.

5. Wer übernimmt die Leitung des Gottesdienstes?

Gottesdienste mit Kindergartenkindern sind Gottesdienste der Kirche und brauchen eine Leitung. Die Leitung dieser Gottesdienstform wird meist von den Seelsorgern delegiert und dann von Müttern (Vätern) oder Erzieher/innen bzw. Kinderpfleger/innen in den Kindergärten, also ehrenamtlichen Laien übernommen. Die Leitung können sich zwei bis drei Personen untereinander teilen.

Trotz des großen ehrenamtlichen Engagements sollte sich der zuständige Pfarrer dennoch nicht ganz zurücknehmen, sondern als Pfarrer (in liturgischem Gewand, mindestens Stola!) immer wieder präsent sein. Bei seiner Anwesenheit übernimmt er die Aufgaben, die ihm durch Weihe und Sendung durch den Bischof zukommen. Er versieht den Vorsteherdienst, verkündet das Wort Gottes (Schriftlesung) und spricht den Segen zu. So bekommen die Kinder einen ganz selbstverständlichen Bezug zu ihrem Priester und seiner Aufgabe.

6. Wir sind eingebunden in die Pfarrgemeinde

Denkbar ist die Einbeziehung der Kindergartenkinder in einzelne Gottesdienste der Gemeinde während des Kirchenjahres. Bewährt hat sich dabei im Ablauf der Eucharistiefeier der Zeitpunkt nach der Kommunionausteilung. Die Kinder haben parallel zum Gemeindegottesdienst ihren Gottesdienst gefeiert, kommen in die Kirche und gestalten ein Element, z. B. einen Teil ihres Gottesdienstes, Lied, Tanz usw. Danach bleiben sie in der Kirche und empfangen mit der ganzen Gemeinde den Segen. Nach dem Segen können sie von ihren Eltern abgeholt werden.

7. Wir machen auf uns aufmerksam. Zur Werbung

Die Werbung sollte breit gefächert sein. Bei einem Neubeginn ist die Werbung das A und O. Verschiedene Möglichkeiten bieten sich an:
- Ankündigung im Pfarrbrief bzw. Gottesdienstanzeiger
- Plakat im Kindergarten und im Schaukasten der Pfarrgemeinde (vgl. dazu Plakat im Anhang S. 96).
- persönliche Einladung (Hinweis bei den Vermeldungen in der Gemeindemesse; evtl. eine besonders gestaltete Einladung, die den Kindern im Kindergarten ausgeteilt wird: siehe Einladungen im Anhang, S. 95).
- die Neugierde der Kinder wecken: Sie dürfen etwas zum Gottesdienst mitbringen z. B. eine Blume, ein Kuscheltier, ein Bild …

Gestaltungselemente

1. Hilfen bei der Themenfindung

Lange konnten wir der Versuchung nicht widerstehen, bei der Themenfindung für einen Gottesdienst im ersten Schritt von uns bekannten Gestaltungselementen auszugehen und erst in einem zweiten Schritt eine passende Lesung dafür zu finden. Diese Art der Vorbereitung bescherte uns zwar eine Fülle an Inhalten, Showeffekten und Symbolen, hatte aber oft zur Folge, dass der Gottesdienst inhaltlich überladen wirkte, dass es schwierig war, einen roten Faden zu finden und dass das Wort Gottes zu Gunsten der Gestaltung eher ein Schattendasein führte. Schließlich hat ein Umdenken stattgefunden. Anfangspunkt jeder Vorbereitung war die persönliche Auseinandersetzung mit der Heiligen Schrift. Wir haben uns jeweils zuerst vom Wort Gottes ansprechen lassen, bevor wir an die praktische Gestaltung gingen.

War für uns dann klar, welche (Kern-)Aussage wir unseren Kindern weitergeben wollten, gingen wir daran, uns zu überlegen, mit welchen Methoden und gestalterischen Elementen wir die (frohe) Botschaft unseren Kindern nahe bringen und mit ihnen feiern konnten.

Bei Gottesdiensten mit Kindergartenkindern ist man in der Auswahl der Schriftlesungen nicht wie bei der sonntäglichen Gemeindemesse auf die Einhaltung der Perikopenordnung verpflichtet. Wir haben uns bei der Auswahl der Themen an der entsprechenden Kirchenjahreszeit orientiert und in der Regel Lesungen von den Sonntagen der drei Lesejahre verwendet. Im Anhang dieses Buches finden Sie eine Übersicht über die verwendeten Schriftstellen und ihren Fundort im Verlauf des jeweiligen Kirchenjahres (siehe S. 110).

2. Sicherheit durch wiederkehrende Elemente

Wir haben uns bewusst für einen gleichbleibenden Aufbau der Gottesdienste entschieden. Durch die sich wiederholende Form bilden sich Wiedererkennungselemente heraus. Für unser Modell gilt das insbesondere für den Eröffnungs- und den Schlussteil. Die Kinder freuen sich z. B. schon im Vorfeld auf das Anfangslied. Gerade Kinder lieben Wiederholungen, sie brauchen die Wiederkehr von vertrauten Themen und Ritualen. Dieser Rahmen schafft Orientierung und gibt Geborgenheit und ist die Basis dafür, sich auch auf Neues einzulassen, z. B. für Legearbeit oder frei gesprochene Fürbitten. Wenn Gottesdienste mit Kindergartenkindern regelmäßig gefeiert werden, d. h. in Abständen, die für Kinder überschaubar sind, am gleichen Ort und zur gleichen familienfreundlichen Zeit, dann bilden sich (allmählich) neue Gottesdienstgewohnheiten heraus. Die Erfahrung hat gezeigt, dass unsere Gottesdienste nie in Konkurrenz zur sonntäglichen Gemeindemesse getreten sind, obgleich sie am Sonntagnachmittag stattfanden.

3. Anmerkungen zu einer altersgemäßen Gestaltung

Die Zielgruppe der hier vorliegenden Gottesdienste sind vor allem die 3 bis 6-jährigen Kinder, also Kinder, die in der Regel noch nicht lesen und schreiben können und ein starkes Bewegungsbedürfnis haben. So gehen Kinder in diesem Alter gern auf spielerische Angebote ein und lassen sich gut auf der Gefühlsebene ansprechen.

Ziel jeder Gestaltung ist, dass den Kindern ermöglicht wird, mit Gott eine Beziehung aufzubauen, ihm begegnen zu können, auch im Hinblick auf ihr weiteres Glaubensleben. In diesem Anliegen bemühen wir uns um die Verwendung einer kindgemäßen Sprache und versuchen uns bei der Erschließung in der Erfahrungswelt der Kinder zu bewegen. Die Kinder sollen sich als Person ernst genommen fühlen und aktiv mitdenken und mitfeiern dürfen.

Die Gottesdienste dürfen auf keinen Fall zu einer Art Religionsunterricht funktionalisiert werden, zur gottesdienstlich verbrämten Singstunde oder zu einer Spielstunde und erst recht nicht als Erziehungsinstrument. Gottesdienst ist vielmehr Ort der Begegnung mit Gott und miteinander.

Ein Gottesdienst mit Kindergartenkindern wird neben der verbalen Kommunikation den Kindern die Möglichkeit geben, sich ihren Fähigkeiten entsprechend auszudrücken: Er wird gestalterisch kreative Elemente aufweisen, z. B. beim gemeinsamen Gestalten einer Mitte und bei Legearbeiten. Er wird dem Bewegungsdrang der Kinder gerecht werden, wenn Kinder eingeladen sind, Gebete und Lieder mit Gesten und Gebärden zu gestalten. Er wird musikalische Bausteine enthalten und sei es nur die rhythmische Begleitung des Geschehens oder der Lieder mit Orff-Instrumenten oder selbstgebastelten Instrumenten. Bei der Auswahl der Lieder ist darauf zu achten, dass Liedtext und Melodie für Kindergartenkinder singbar sind, d. h. nach 2 bis 3-maligem Singen müssten die Kinder mitsingen können. Bei schwierigeren Liedern kann ein abwechselndes Singen von Eltern und Kindern helfen. Die Kinder singen den Kehrvers und die Erwachsenen oder ein/e Vorsänger/in die Strophen.

Was in Bezug auf Sprache und Gestaltung im Einzelfall sinnvoll und machbar ist, können Eltern erfahrungsgemäß gut beurteilen. Uns hat manchmal weitergeholfen, bei den eigenen Kindern rückzufragen, um uns zu vergewissern, dass das, was wir sagen wollen, auch verstanden werden kann.

Formulierungshilfen bieten auch verschiedene Kinderbibeln oder Erzählvorlagen in den „Religionspädagogischen Arbeitshilfen". In letzteren finden Sie darüber hinaus eine ganze Reihe religiöser Lieder, die mit Kindergartenkindern gut gesungen werden können. (Eine Übersicht bietet das Heft 4/1992: Den Weg durchs Jahr gehen, Verzeichnis der Inhalte und Lieder der RPA 1978-1992, Verlag religionspädagogische Arbeitshilfen GmbH, Landshut 1992, in: Religionspädagogische Praxis, Handreichungen für eine elementare Religionspädagogik.)

4. Vom „Mitnehmsel"

Die Verbindung zwischen Kind und Gottesdienst wird einerseits über die schriftliche Einladung hergestellt, welche dem Kind im Kindergarten ausgeteilt wird, andererseits aber auch über Erinnerungsstücke, die das Kind am Ende des Gottesdienstes mit nach Hause nehmen darf (siehe Anhang).

Tipp: Das Mitnehmsel wird von uns stets erst nach dem Gottesdienst an die Kinder ausgeteilt, auch wenn es schon während der Feier erklärt worden ist, da die Kinder sonst zu sehr mit ihrem Mitnehmsel beschäftigt sein könnten und dann nicht mehr am Geschehen teilnehmen können oder wollen.

Hinweise zur Feier

1. *Struktur des Gottesdienstes mit Kindergartenkindern*

AKTION „DU GEHÖRST DAZU!"   (s. S. 21)

I	ERÖFFNUNG	(s. S. 28)
		5 Minuten

- **Lied:** „Es läuten alle Glocken"   E/A
- **Begrüßung**   E
- **Kreuzzeichen** und Erklärung   P(E)
- **Kerze** und Erklärung   E/K

II	WORT-GOTTES-FEIER	(s. S. 29–91)
		10 –15 Minuten

- **Hinführung** zum Thema   E
- **Verkündigung**   P(E)
- **Antwort**
  Erschließung/Vertiefung   E/KK
  Gebet: Fürbitten,
  Lied, Tanz, Vater unser   E/A
  Schlussgebet   E

III	ABSCHLUSS	(s. S. 92)
		5 Minuten

- **Segen – Einzelsegen** (Segensbitte)   P(E)
- **Schlusslied:** „Guter Gott, danke schön"   E/A
- **„Mitnehmsel"**
- **nächster Termin**

E = Eltern / Erzieher / Erwachsene   **K** = Kind
P = Priester / Pfarrer   **A** = Alle

2. Die einzelnen Elemente

2.1 Aktion „Du gehörst dazu!"

Vor jedem Gottesdienst legen wir ein großes, weißes Tuch (evtl. Betttuch) in die Mitte. Jedes anwesende Kind darf selbst oder mit Hilfe der Eltern den Umriss seiner Hand sowie seinen Vornamen mit Stoffmalstiften auf das Tuch zeichnen. Es entsteht ein Gruppentuch, auf dem alle Kinder sichtbar „dazugehören". Zum einen macht es den Kindern Freude, vor jedem Gottesdienst etwas von sich wieder zu finden, zum anderen ist ein Kind, das im Gottesdienst fehlt, trotzdem mit dem Umriss seiner Hand gegenwärtig. Neu hinzukommende Kinder dürfen sich mit ihrem Handabdruck „verewigen".

2.2. Eröffnung

Die Eröffnung hat wie in der Eucharistiefeier die Aufgabe, die Gottesdienstteilnehmer zusammenzuführen, aus einzelnen Personen eine Gemeinschaft zu bilden und sie für die Feier vorzubereiten. Sie ist knapp bemessen und soll direkt auf das Wesentliche hinführen. In den Gottesdiensten mit Kindergartenkindern hat sich daher zur Eröffnung ein fester Ablauf entwickelt, der nicht länger dauern soll als 5 Minuten.

Die Kinder erfahren den Grund für ihr Kommen (Anfangslied und Kreuzzeichen). Sie werden begrüßt (Begrüßung) und machen sich die Gegenwart Jesu bewusst (Entzünden der „Jesus-Kerze").

Der Ablauf im Einzelnen:

- *Anfangslied:* Unser gemeinsames Anfangslied ist stets: „Es läuten alle Glocken" aus der Pfälzer Kindermesse (vgl. Liederverzeichnis S. 103)
- *Begrüßung und Kreuzzeichen:* Nach der Begrüßung durch den/die Gottesdienstleiter/in machen wir gemeinsam das Kreuzzeichen. Dabei ist uns wichtig, dass die Kinder genügend Zeit dazu haben und auch die Möglichkeit, das Kreuzzeichen mit zu vollziehen.
- *Kerze:* Danach darf ein Kind die „Jesus-Kerze" anzünden, auf welcher sich aus farbigem Wachs geformt jeweils die Symbole der vorausgegangenen Gottesdienste befinden. Dazu erklären wir jedes Mal: „Die Kerze soll ein Zeichen sein, dass Jesus in unserer Mitte ist."

Damit sich die Kinder an der Flamme nicht verbrennen, haben sich lange Streichhölzer bewährt. Ein Erwachsener zündet – vor allem bei kleineren Kindern – das Streichholz an und übergibt es dann dem Kind.

2.3. Wort-Gottes-Feier

* *Verkündigung:* Zentrum des Gottesdienstes mit Kindergartenkindern ist die Wort-Gottes-Feier. Im Hören auf die Heilige Schrift spricht Gott selbst uns an. Erfahrbar wird das, wenn der Pfarrer oder der/die Gottesdienstleiter/in das Wort Gottes verkündet. Sichtbar wird das, wenn eine schöne Bibel verwendet wird. Es ist nicht irgendein Buch, keine Loseblatt-Sammlung, sondern ein besonderes Buch. Diese Bibel ist bei den Kindern eingeführt als das Buch, in dem uns Menschen die Geschichten und Erzählungen von und über Gott aufgeschrieben haben (vgl. Gottesdienst im April: „Vom barmherzigen Vater", S. 40–44).

Wir haben daher darauf verzichtet, die Texte der Schriftlesung in diesem Buch abzudrucken. Ausnahmen sind Schriftstellen, die von uns geringfügig verändert wurden oder bei denen die Angabe der Stelle auf Grund der vorgenommenen Auslassungen zu kompliziert geworden wären.

Wir bemühen uns bei der Verkündigung, den Text der Einheitsübersetzung zu verwenden, obwohl auch Kinderbibeln verwendet werden könnten. Wird die Schriftlesung in Erzählform verkündet, darf ruhig eine gewisse Freude am Erzählen spürbar sein, ohne daraus ein Sprechstück in epischer Breite entstehen zu lassen. Sonst könnte leicht der Zusammenhang und der Schwerpunkt der Aussage aus den Augen verloren werden. Mindestens ein Satz der Schriftlesung wird in der ursprünglichen Form belassen.

Besonders einprägsam kann es sein, mit einem Symbol ein Element der biblischen Geschichte hervorzuheben. So kann z. B. durch das Entzünden der „Jesus-Kerze" die Begegnung mit Jesus erfahrbar gemacht werden (vgl. Gottesdienst im Dezember: „Simeon wartet", S. 75–78).

- *Antwort:* Gott kommt zu uns im „Wort". Er spricht uns an. Wir sind aufgerufen, ihm zu antworten. Bei einem Gottesdienst mit Kindergartenkindern bieten sich für diese Antwort viele verschiedene Möglichkeiten an.

Wir geben Antwort in unserem persönlichen Glaubenszeugnis. Eine Erschließung oder Vertiefung des zuvor Gehörten fußt auf dem, was wir für uns selbst begriffen haben. So wird sie Ausdruck unseres Glaubens. Kinder merken sehr schnell, ob wir hinter dem Gesagten stehen, oder ob es nur angelesen ist.

Wir geben Antwort mit unserem Beten:
- mit den Fürbitten, im „Beten für" jemanden oder etwas,
- im gesungenen Gebet oder in einem Tanz,
- mit dem Vorbildgebet, dem Vaterunser,
- in einem zusammenfassenden Gebet, einem Schlussgebet.

Das Beten stellt unsere persönliche Antwort auf das Wort dar, das uns Gott in der Schriftlesung zugesprochen hat.

Diese verschiedenen Möglichkeiten des Antwortgebens sind untereinander austauschbar und kombinierbar. Nicht alle werden im Gottesdienst umgesetzt werden können. Wichtig ist nicht die Vollzähligkeit der einzelnen Elemente, sondern dass wir mit Herz, Mund und Händen Antwort geben.

2.4 Abschluss

Eröffnung und Abschluss umrahmen die Wort-Gottes-Feier. Zum Abschluss wird den Teilnehmern der Segen Gottes erbeten. Übernimmt der Pfarrer (P) den Segen, tut er dies, indem er allen den Segen zuspricht: „Der Herr segne euch …" Demgegenüber sprechen nicht geweihte Gottesdienstleiter (E) eine Segensbitte. Dabei hält er/sie die Hände gefaltet und bezeichnet sich dann selbst gemeinsam mit den anderen Mitfeiernden mit dem Kreuzzeichen.

- *Segen:* P (E) Es segne euch (uns) der allmächtige Gott, der Vater und der Sohn und der Heilige Geist.
  A Amen.
- *Schlusslied:* Unser Schlusslied ist stets: „Guter Gott, danke schön".
  Dieses Lied stammt, wie das Lied zur Eröffnung, aus der Pfälzer Kindermesse. Für unsere Zwecke haben wir den Text ein wenig verändert, da der Originaltext: „ … du gabst uns Speis und Trank, dir sei Lob und Dank!" voraussetzt, dass vorher Eucharistie gefeiert wurde. Unser Vorschlag lautet daher:
  „Guter Gott, danke schön,
  wenn wir nun nach Hause gehn,
  du magst uns alle sehr,
  dir sei Lob und Ehr."
  (Vgl. Anhang S. 109)

3. Zum praktischen Umgang mit den Modellen

Das Buch wurde so konzipiert, dass es direkt im Gottesdienst verwendet werden kann.

Die Eröffnung (S. 28) und der Abschluss (S. 92) bleiben immer gleich. *Tipp:* Eingelegte Lesezeichen erleichtern das Wiederfinden. Zur Sicherheit ist der entsprechende Hinweis mit Seitenzahl auch in den Modellen noch einmal angegeben.

Dazwischen sind nacheinander die Wort-Gottes-Feiern angeordnet. Nach der Themenangabe hilft ihnen eine Checkliste, die für den jeweils ausgewählten Gottesdienst notwendigen Materialien auf Vollständigkeit zu überprüfen. Die Grundausstattung, die für jeden Gottesdienst benötigt wird, ist nur einmal bei der Eröffnung S. 27 angegeben.

GOTTESDIENSTE MIT KINDERGARTENKINDERN FEIERN

15 Modelle

Gleichbleibende Elemente

---

15 MINUTEN VORHER – VORBEREITUNGEN

- Es wäre schön, wenn die Glocken der Kirche zum Gottesdienst einladen (Absprache mit dem/der Küster/in).

- Die Bibel für die Verkündigung und alle Materialien, die sonst noch für die Durchführung notwendig sind, befinden sich am vorgesehenen Platz (siehe: „Vorbereitung" in den Modellen).

- Sitzkreis, Sitzmöglichkeiten für die übrigen Mitfeiernden, Liederhefte bzw. -bücher für die Großen.

- Die „Jesus-Kerze" und Streichhölzer, das Tuch für die Aktion „Du gehörst dazu!" und Stoffmalstifte liegen in der Mitte bereit.

Eröffnung

E   Die Glocken haben uns zur Kirche gerufen. Wir sind gekommen, um Gott zu loben, um sein Wort zu hören und ihm Lieder zu singen. So lasst uns miteinander das Eröffnungslied singen.

Lied   Es läuten alle Glocken
(s. Anhang S. 103)
EE singen die Strophe(n), die Kinder den Kehrvers (Kv).

Begrüssung

P(E)   Liebe Kinder, ich darf euch und eure Eltern und alle, die zu unserem Gottesdienst gekommen sind, ganz herzlich in unserer Kirche begrüßen.

Zu Beginn machen wir gemeinsam unser Erkennungszeichen, das Kreuzzeichen und sagen dazu, in wessen Namen wir uns versammelt haben:

macht selbst langsam das Kreuzzeichen vor und spricht dazu:

+ Im Namen des Vaters,
und des Sohnes,
und des Heiligen Geistes.

Anzünden der Kerze

E   Wir zünden (auch heute wieder) eine Kerze in unserer Mitte an. Sie soll ein Zeichen sein, dass Jesus jetzt bei uns ist.

Ein Kind darf die Kerze mit einem großen Streichholz anzünden.

Januar

„Wo ich gehe, wo ich stehe, bist du, lieber Gott, bei mir"

Vorbereitung

- Krippe mit Figuren
  (Maria, Josef, Ochse, Esel, Engel, Hirten, Schafe)
- „Dank-Schaf" aus Papier für jedes teilnehmende Kind
- Stifte
- Körbchen
- Mitnehmsel: Schaf zum Aufhängen mit dem Gebet: „Wo ich gehe, wo ich stehe …"
  (s. Anhang S. 97)

Aktion „Du gehörst dazu" (S. 21)

I Eröffnung (S. 28)

II Wort-Gottes-Feier

Hinführung

1. Krippenbetrachtung

Mit den Kindern wird die Weihnachtskrippe betrachtet. Maria und Josef, Ochse und Esel, Engel, Hirten und Schafe werden benannt.

E Die Hirten waren die ersten, die zu Jesus gekommen sind. Ihr wisst sicher alle, was ein Hirte ist.

KK Ein Hirte passt auf Schafe auf …

2. Einfühlungsübung mit den Kindern

E Ein Hirte liebt seine Schafe, er sorgt für sie.

KK dürfen die Schafe in der Mitte zählen.

E Stellt euch nur einmal vor, was passiert, wenn ein Schaf wegläuft und nicht wieder zurückfindet.

Eine(r) von den E nimmt ein Schaf aus der Krippe und geht von der Gruppe weg, z. B. hinter die Krippe und spielt ein ängstliches, zitterndes, trauriges Schaf.

N. N. spielt solch ein Schaf. Schau mal hin, wie fühlt sich das Schaf?

KK Es ist traurig, einsam, ängstlich, hofft auf Hilfe …

E N. N. spielt den Hirten. Der Hirte denkt … – was tut der Hirte?

KK wird pantomimisch das Verhalten des Hirten vorgespielt. Die Kinder dürfen sich dazu äußern, z. B.:

KK Der Hirte sucht sein Schaf, weil er weiß, dass es Angst hat und einsam ist. Er nimmt es in die Arme, er wärmt es und trägt es zu den anderen nach Hause.

3. Lied: Ein kleines Schaf
(Liederbücher, z. B. Troubadour für Gott, Nr. 459)

E   Alle freuen sich, dass das Schaf, das sich verirrt hatte, wieder da ist. Wenn du möchtest, darfst du das Fell des Schafes streicheln.

Das Schaf wird wieder in die Krippe gestellt.

VERKÜNDIGUNG

P (E) Die Menschen, die uns in der Bibel von Gott erzählen, haben sich überlegt, wie man Gott beschreiben könnte. Sie haben gesagt: Gott ist wie ein guter Hirte. Wir hören aus dem Lukasevangelium:

Evangelium: Lk 15,4–6

ANTWORT

1. Vertiefung

E   Uns geht es manchmal wie dem Schaf, das von N. N. gespielt wurde. Wie das Schaf, das weggelaufen ist, stellen auch wir manchmal etwas an. – Wir sind dann einsam. – Wir sind traurig. – Wir haben Angst. – …

Wir spielen jetzt einfach einmal gemeinsam solch ein Schaf (*mit Gesten*), das einsam, traurig, ängstlich und ohne Hoffnung ist … und bleiben so sitzen.

Wir wissen, dass Gott wie ein guter Hirte ist, der uns auf unseren Wegen behütet.

Er behütet uns, wo immer wir sind. Er weiß, wie es uns geht und was wir brauchen. Er richtet uns wieder auf, so ähnlich, wie es jetzt N. N. bei uns macht.

E geht von Kind zu Kind und umarmt es – richtet es auf – streichelt es …

E   So ist Gott! Jeder von uns ist ihm wichtig.

2. Dank

E   Wir wollen Gott dafür mit einem „Dank-Schaf" Danke sagen: Du bekommst von uns nun ein Schaf aus Papier und einen Stift. Du darfst damit zu deinen Eltern gehen. Überlegt zusammen, wo Gott euch behütet und ihr IHM dafür danken wollt. Schreibt es dann auf das Schaf.

Die Schafe werden in ein Körbchen gelegt, das dann an die Krippe gestellt werden könnte.

3. Gebet

E   Gott, du guter Hirte, lass mich nie vergessen, du bist immer für mich da, auch wenn ich Angst habe, oder alleine bin. Deshalb darf ich beten:
Wo ich gehe,
wo ich stehe,
bist du, lieber Gott, bei mir,
wenn ich dich auch niemals sehe,
weiß ich dennoch,
du bist hier.

III ABSCHLUSS (S. 92)

1. Einzelsegen

E geht von Kind zu Kind, legt ihm beide Hände auf Schultern oder Kopf und segnet es, z. B. mit folgenden Worten:

E   N. N., Gott liebt dich, er ist für dich da.

2. Mitnehmsel: Schaf zum Aufhängen mit dem Gebet:
„Wo ich gehe ..."
(s. Anhang S. 97)

Februar

Jesus möchte, dass unser Herz leicht wird wie ein Luftballon

VORBEREITUNG

- Luftschlangen
- mit Gas gefüllte Luftballons (mindestens 6 Ballons mehr als teilnehmende KK)
- Mitnehmsel: ein mit Gas gefüllter Luftballon für jedes Kind

Aktion „Du gehörst dazu" (S. 21)

I Eröffnung (S. 28)

II Wort-Gottes-Feier

Hinführung

Passend zur Faschingszeit liegen Luftschlangen auf dem Tuch. Hierüber entwickelt sich ein Gespräch mit den Kindern über Fasching, Kostümierung und den Sinn des Fasching feiern (z. B. ausgelassen sein, fröhlich sein). Mit den Kindern wird erarbeitet:

E Du kannst sicher sagen, wann man nicht fröhlich sein kann:

KK Bei Traurigkeit, nach Streit/Ärger, bei Krankheit …

E Das tut uns dann gut, wenn wir krank oder traurig sind:

KK Versöhnung, Trost, die Eltern pflegen uns, sorgen sich um uns, lesen uns vor, sie helfen uns, gesund zu werden …

Verkündigung

P (E) Wir wissen von Jesus, dass auch er Kranke gesund und Traurige froh machen wollte:

Evangelium: Mk 1,29-39

Antwort

E Wir haben eben in der Bibel gelesen:
   Jesus kann Kranke heilen.
   Jesus macht uns heil und froh.
   Jesus will, dass wir fröhlich sind,
   er will, dass es uns wirklich gut geht.
   Jesus möchte, dass unser Herz leicht wird
   wie ein Luftballon.

1. Dankgebet der Kinder

Gasgefüllte Luftballons werden hereingeholt. Zu jedem Abschnitt des Dankgebets der Kinder steigt ein Luftballon auf.

Zum Zeichen der aufsteigenden Luftballons: *Die Verwendung des Weihrauchs wird seit jeher bildhaft gedeutet – wie der Weihrauch in die Höhe steigt, so soll das Gebet der Gläubigen zu Gott aufsteigen. In dieser Tradition erzielt man eine nachhaltige Wirkung, wenn nach jedem Abschnitt des Dankgebets ein gasgefüllter Luftballon aufsteigt. Obwohl das Luftballongas nicht einfach zu besorgen und relativ teuer ist, lohnt sich der Aufwand.* **Tipp:** *Versuchen Sie es in Dekorationsgeschäften oder fragen bei den PR-Abteilungen der Banken und Sparkassen nach.*

E   Guter Gott, du freust dich über fröhliche Menschen
    und schenkst uns immer wieder Freude.

A   Dafür danken wir dir.

E   Guter Gott, du behütest uns bei Tag und bei Nacht.

    Guter Gott, du bist immer für uns da,
    wenn wir dich brauchen.

    Guter Gott, du sorgst für uns wie ein Vater und eine Mutter.

    Guter Gott, du lädst uns ein in dein Haus.

    Deine Türen sind für jeden offen.

    Guter Gott, du weißt, was wir zum Leben brauchen
    und schenkst es uns jeden Tag neu.

2. Vertiefung

Lied: Bist du glücklich
(s. Anhang S. 104)

III ABSCHLUSS (S. 92)

Mitnehmsel: Luftballon mit Gas gefüllt für jedes Kind

März

Du hast uns deine Welt geschenkt

VORBEREITUNG

- Tulpenzwiebel und Topf mit Blumenerde
- Tuch
- blaues Tuch
- Wolken aus Watte
- Sand
- Wasser
- Schüssel
- Schneeglöckchen
- Zweige
- Moos
- aus Tonpapier ausgeschnitten: Sonne, Mond und Sterne
- aus den Kinderzimmern: verschiedene (Holz-)Tiere, darunter Fische
- Bilder von Menschen aus Illustrierten
- Mitnehmsel: Vogel aus Fotokarton
  (s. Anhang S. 100)

Aktion „Du gehörst dazu" (S. 21)

I Eröffnung (S. 28)

II Wort-Gottes-Feier

Hinführung

Die Boten des Frühlings sind schon überall zu finden. Mit Hilfe einer Tulpenzwiebel und einem Topf mit Blumenerde als Anschauungsmaterial entwickelt sich ein Gespräch mit den KK über Natur, Frühling und aufkeimendes Leben.

E Wer hat alles erschaffen?

KK Gott.

Verkündigung

E Wir wollen Euch nun erzählen, wie alles entstanden ist.

Lesung: Gen 1 – 2,4a

Die Schöpfungsgeschichte wird nach Gen 1 – 2,4a erzählt. Dazu dürfen die KK mit den bereitgelegten Materialien die Mitte gestalten. Unterlage des Bildes ist eine Holzplatte, die es ermöglichte, das Legebild an einer anderen Stelle der Kirche für die Gemeinde sichtbar aufzulegen. Die Person, die die Schöpfungsgeschichte erzählt, sollte nicht identisch sein mit der, die die KK anleitet und ihnen die entsprechenden Gegenstände übergibt.

Am Anfang hat Gott den Himmel und die Erde erschaffen. Die Erde war aber noch leer und dunkel.

Das Tuch wird auf den Boden gebreitet.

KK nehmen die Hände vor das Gesicht.

Gott rief: „Licht!" Da wurde es hell.

KK nehmen die Hände vom Gesicht.

Gott machte den blauen Himmel und die Wolken.

Blaues Tuch wird ausgelegt und darauf Wattewolken ausgebreitet.

Gott sagte: „Auf dieser Seite soll das Meer sein und dort das Land."

Wasser wird in die Schüssel gegossen und Sand wird auf das Tuch gestreut.

„Auf dem Land sollen Bäume wachsen und Pflanzen und Blumen."

Schneeglöckchen, Zweige, Moos

Gott machte die Sonne für den Tag.

Sonne

Er machte für die Nacht den Mond und die Sterne.

Mond, Sterne

Gott machte die Fische, die im Wasser schwimmen, die kleinen und die großen.

Fische

E   Er machte auch Vögel, die über die Erde fliegen.

Vögel

Gott machte alle Tiere, die auf dem Land leben.

Holztiere

Zuletzt machte er die Menschen.

Bilder von Menschen

Gott sah alles an, was er geschaffen hatte und er sah, es war alles sehr gut.

Antwort

E   Wir glauben, dass Gott unsere Welt geschaffen hat. Wir freuen uns über unsere Welt, in der wir leben dürfen. Dafür sagen wir unserem Gott jetzt danke in dem Lied „Du hast uns deine Welt geschenkt", das wir zusammen singen wollen.

Lied   Du hast uns deine Welt geschenkt
           (s. Anhang S. 106)

III   ABSCHLUSS (S. 92)

Mitnehmsel: Vogel aus Fotokarton
(s. Anhang S. 100)

April
Vom barmherzigen Vater

VORBEREITUNG

- schwarzes Tuch
- Münzen
- Muggelsteine
- 3 spitze Steine
- bunte Tücher
- Holzbrettchen
- Stückchen Brokatstoff
- eine weiße Serviette
- Blumen
- Kerze
- Mitnehmsel: Heftchen
  (s. S. 44)

AKTION „DU GEHÖRST DAZU" (S. 21)

I ERÖFFNUNG (S. 28)

II WORT-GOTTES-FEIER

HINFÜHRUNG

(Auf der Einladung war folgender Text abgedruckt:

Ein Mann hatte zwei Söhne. Der eine von ihnen sagte einmal zum Vater: „Ich bin jetzt groß. Ich will fort. Gib mir Geld." Der Vater gab ihm viel Geld. Nach wenigen Tagen packte der Sohn alles zusammen und ging in ein fernes Land. – Ob das gut geht?*)

E Vielleicht bist du auch so neugierig wie ich und möchtest wissen, wie die Geschichte des jungen Sohnes weitergegangen ist, deren Anfang auf deine Einladung geschrieben war. Der Herr Pfarrer (oder: E) liest sie uns aus der Bibel vor, aus dem Buch, in dem Erzählungen und Geschichten von Gott aufgeschrieben worden sind.

VERKÜNDIGUNG

P (E) **Evangelium:** Lk 15,11-32

ANTWORT

1. Vertiefung

E Der Sohn verlässt das Zuhause und den Vater. – Du kannst dir sicher vorstellen, wie sich der Vater jetzt fühlt.

KK Er ist traurig ...

Ein schwarzes Tuch als Ausdruck der Trauer wird in der Mitte ausgebreitet.

Der Sohn gibt viel Geld aus, kauft alles, was ihm gefällt, erfüllt sich alle Wünsche.

Münzen werden von den KK auf das schwarze Tuch gelegt.

Viele falsche Freunde lernt er kennen, Menschen die nur sein Geld wollen. –

Die Muggelsteine sind diese falschen Freunde.

Die KK legen bunte Muggelsteine auf das schwarze Tuch.

Doch dann geht ihm das Geld aus.

E entfernt die Münzen.

Seine falschen Freunde verlassen ihn.

Entfernt die Muggelsteine.

Er ist allein, einsam, traurig. –

Wie weh das tun kann, wenn man einsam ist, soll uns dieser spitze Stein sagen.

E reicht einem K den Stein:

Nimm ihn einmal in die Hand und sag uns, wie er sich anfühlt.

K Der Stein fühlt sich scharf, spitz, kantig an, tut weh.

Auch andere KK dürfen den Stein befühlen.

E Dieser spitze Stein soll Zeichen dafür sein, wie weh Einsamkeit tut.

Stein wird in die Mitte gelegt.

Eine Hungersnot kommt über das Land: er hat nichts zu essen. – Dieser spitze Stein soll Zeichen dafür sein, wie weh Hunger tut.

Stein wird in die Mitte gelegt.

So verzweifelt, dass er als Schweinehirt arbeitet, traut sich nicht vom Schweinefutter zu essen. –

Als Zeichen dafür, wie weh Erniedrigung tut, legen wir noch einen spitzen Stein dazu.

Stein wird in die Mitte gelegt.

Der Sohn weiß nicht mehr weiter – wer kann da noch helfen. Wer ist ihm eingefallen?

KK   ... der Vater.

Lied: Ja, ich will wieder heim und zu meinem Vater geh'n
(Liederbücher, z. B. Troubadour für Gott, Nr. 100)
Refrain mehrmals singen

E   Weißt du noch, was der Vater tut?

KK   Er wartet auf seinen Sohn. Er freut sich, dass er heimkommt.

Bunte Tücher werden über das schwarze Tuch gebreitet. Die Steine werden nicht bedeckt.

E   Er geht dem verlorenen Sohn entgegen. –

Es ist, als ob der Vater eine Brücke über die scharfen Steine gebaut hätte. Der Sohn ist auf einmal nicht mehr allein, einsam und traurig. Der Vater hat ihn wieder angenommen.

Ein Holzbrettchen wird als Brücke über die Steine gelegt.

Er umarmt ihn, küsst ihn, er lässt für seinen Sohn schöne Kleider bringen.

Ein Stückchen Brokatstoff wird zu den bunten Tüchern gelegt.

Ein großes Fest wird gefeiert.

KK dürfen mit einer weißen Serviette, mit Blumen und einer Kerze eine „Festtafel" decken.

So nah wie der Sohn seinem Vater wieder ist, so nah wollen wir jetzt unserer Mama oder unserem Papa sein. Geh einfach hin. Vielleicht könnt ihr euch auch umarmen, wie in der Geschichte. Komm dann mit deinen Eltern zu uns in den Kreis zurück.

Der Kreis wird geöffnet. Die Eltern kommen dazu, evtl. Umarmung.

2. Lied und Tanz

E   Bei einem Fest wird auch getanzt. Das werden wir nun gemeinsam tun mit einem Tanz zum **Lied:** „Bist du glücklich"

EE/KK stehen im Kreis und halten sich an den Händen. Gesten und Tanzfolge ergeben sich aus den Liedstrophen (s. Anhang S. 104).

3. Besinnung

Alle fassen sich an den Händen.

E   Steinige Wege gehen wir
und tun uns selbst dabei weh.
Wenn es dann nicht mehr weitergeht,
brauchen wir Hilfe,
brauchen wir einen, der uns weiterhilft.

Gott ist da,
er erwartet uns,
er freut sich, wenn wir kommen,
wir dürfen immer zu ihm zurückkehren.
Gott will uns ganz nah sein,
wie ein guter Vater,
wie der barmherzige Vater in unserer Geschichte.

4. Vater unser

E   Wir alle, Kinder und Eltern dürfen zu Gott „Vater" sagen und das tun wir in dem Gebet das uns Jesus, sein Sohn, beigebracht hat:

A   Vater unser im Himmel …

III ABSCHLUSS (S. 92)

Mitnehmsel: Heftchen „Der verlorene Sohn"
*Deutsche Bibelgesellschaft, Stuttgart 1997,
ISBN 3-438-04165-0. Einzelpreis 2,80 DM*

Mai

Maria führt uns zu Jesus

MAIANDACHT

VORBEREITUNG

- 50 kleine Perlen (ø ca. 2 cm)
- 5 große Perlen (ø ca. 5 cm)
- Schnur
- Kreuz für Rosenkranz
- Rosenkranz
- Mitnehmsel: Fingerrosenkranz
  (s. Anhang S. 98)

Aktion „Du gehörst dazu" (S. 21)

I Eröffnung (S. 28)

II Wort-Gottes-Feier

Hinführung

E Im Monat Mai denken wir in der Kirche an eine besondere Frau.

Evtl. kann bei der Hinführung ein besonders geschmückter „Marien-altar", ein Bild usw. helfen.

KK Maria.

E Weißt du denn, wer Maria war?

Schlüsselsatz: Maria ist die Mutter von Jesus.

Verkündigung: Stationen aus dem Leben Mariens

Gemeinsam werden mit den KK verschiedene Stationen aus dem Leben Mariens erarbeitet. An vorhandenem Wissen der KK anknüpfend, ergänzt E erzählerisch das jeweilige Ereignis (die „Fundstellen" in der Bibel sind in Klammern angegeben):

1. Geburt Jesu (Lk 2,1-20)

• Von der Herbergssuche.

• Von Weihnachten mit der Krippe und den Hirten (als Zeichen für die Armen).

Mit KK 10 kleine Perlen auffädeln.

Kernsatz: Maria hat Jesus geboren.

Jeweils zum Kernsatz: Auffädeln einer großen Perle.

2. Jesus predigt im Tempel (Lk 2,41–52)

- Jesus ist ein besonderes Kind: Er ist weise, er hat schon als Kind den Menschen von Gott erzählt. Einmal ist er sogar weggelaufen, um im Gotteshaus zwischen all den Erwachsenen von Gott zu erzählen.
- Von der Angst der Eltern und von ihrer Freude nach dem Wiederfinden im Tempel.

Mit KK 10 kleine Perlen auffädeln.

Kernsatz: Maria sucht und findet Jesus im Tempel.

Auffädeln einer großen Perle.

3. Hochzeit zu Kana (Joh 2,1–12)

- Maria hat Jesus immer geglaubt, hat ihm vertraut.
- Vom Weinwunder bei der Hochzeit zu Kana.

Mit KK 10 kleine Perlen auffädeln.

Kernsatz: Maria bittet Jesus um Hilfe und vertraut ihm.

Auffädeln einer großen Perle.

4. Kreuzigung (Joh 19,25)

- Maria war immer bei Jesus, auch beim Tod am Kreuz.
- Von der Trauer.

Mit KK 10 kleine Perlen auffädeln.

Kernsatz: Maria hat Jesus nie allein gelassen.

Auffädeln des Kreuzes.

5. Pfingsten (Joh 20,19; Apg 1,12–14 und 2,1–4)

• Die Apostel hatten Angst, sie hatten Angst, dass auch sie wie Jesus verhaftet werden.

• Maria ist bei ihnen und tröstet sie. Sie macht ihnen Mut und erinnert sie daran, dass Jesus versprochen hat, wieder zu kommen.

Mit KK 10 kleine Perlen auffädeln.

Kernsatz: Maria betet mit den Jüngern.

Auffädeln einer großen Perle.

6. Mariä Aufnahme in den Himmel

(Zur Information: Papst Pius XII. hat am 1. November 1950 als Lehre der Kirche verkündet, dass Maria mit Leib und Seele in die himmlische Herrlichkeit aufgenommen worden ist.)

• Weil Maria nie etwas Böses getan hat, weil sie eine so gute Frau war, wurde sie nach ihrem Tod in den Himmel aufgenommen.

Mit KK 10 kleine Perlen auffädeln.

Kernsatz: Maria ist wieder ganz nahe bei Jesus.

Auffädeln einer großen Perle.

ANTWORT

1. Der Rosenkranz – Mit Maria beten

E   Die „Kette" ist fertig. Ein Rosenkranz ist entstanden. Sicher hast du schon einmal einen Rosenkranz gesehen.

Ein Rosenkranz wird gezeigt.

KK   Bei Mama, Papa, Oma, Opa …

E   Menschen, die den Rosenkranz beten, erinnern sich an das Leben von Jesus. Zu jeder Begebenheit oder Geschichte beten sie dann zehnmal das Gebet „Gegrüßet seist du, Maria".

Um beim Zählen nicht durcheinander zu kommen, verwenden sie eine solche Gebetsschnur als Hilfe. Wir tun eigentlich genau das gleiche: wir erinnern uns an das Leben von Jesus und schauen uns an, wie Maria ein Vorbild für unser Leben sein kann.

2. Prozession zur Marienstatue oder einem Marienbild

E   Wir möchten jetzt mit euch gemeinsam unseren eigenen Rosenkranz zur Marienstatue tragen. Wir zeigen so, dass wir uns von Maria an der Hand nehmen und zu Jesus, ihrem Sohn, führen lassen.

Prozession zu einer Marienstatue (oder einem Marienbild) z. B. am „Marienaltar", oder in einer Mariengrotte, in einem Kapellchen etc., dort:

3. Gebet

E   Maria, du bist die Mutter Jesu und du bist immer bei ihm. Du liebst auch uns wie eine Mutter und bittest bei Jesus für uns. Dafür danken wir dir.

Der gestaltete Rosenkranz wird bei der Marienstatue abgelegt oder befestigt.

III   ABSCHLUSS (S. 92)

1. Segensbitte

2. Lied: Segne, du Maria
(s. Anhang S. 108)

3. Mitnehmsel: Fingerrosenkranz für jedes Kind
(s. Anhang S. 98)

Juni

Heiliger Geist, du Atem, der uns antreibt

VORBEREITUNG

- Schatzkästchen mit Halbedelsteinen (oder Münzen, Perlen, bunte Glassteine)
- Windrad (oder Windspiel)
- Mitnehmsel: Windrädchen

Aktion „Du gehörst dazu" (s. 21)

I Eröffnung (s. 28)

II Wort Gottes-Feier

Hinführung

E *zeigt ein Schatzkästchen.*
Ich gebe dieses Schatzkästchen einmal im Kreis herum. Du darfst vorsichtig daran rütteln und raten, was sich darin befindet. Woraus besteht der Schatz?

KK Perlen, Münzen, Edelsteine ...

E *öffnet das Kästchen.*
Ja, es sind Edelsteine.
Oder ein anderer ganz „wertvoller" Schatz.
Jeder darf sich einen Edelstein herausnehmen und ihn zur Jesus-Kerze legen. –
Jetzt ist die Schatzkiste leer. Wenn du deine Augen schließt, will ich wieder einen Schatz hineingeben.
KK schließen die Augen. E haucht Atem in das Kästchen und schließt vorsichtig den Deckel. Die Kinder dürfen wieder (s. o.) das Schatzkästchen herumgeben und den Inhalt erraten.

KK Federn, Papier, Watte, Luft, Nichts ...

E Ich habe etwas ganz Wertvolles in unser Schatzkästchen hineingetan. Ich habe hineingehaucht. Ich habe das ganze Kästchen mit meinem Atem angefüllt.
Du weißt ganz bestimmt, warum unser Atem so wichtig ist.

KK Wir brauchen ihn zum Leben.

E Wie wichtig unser Atem ist, können wir ganz einfach ausprobieren. Jeder darf jetzt die Luft anhalten – so lange, bis er wieder Luft braucht. –
Unser Atem ist also ganz wichtig. Ohne ihn könnten wir nicht leben, wir müssten ersticken. Obwohl wir ihn nicht

sehen oder hören können, wie vorher die Edelsteine, ist er dennoch da und ist dabei noch viel wertvoller als jeder Schatz.

Atem kann aber noch etwas anderes:

E bläst an ein Windrad (oder Windspiel).

KK Das Windrad dreht sich.

E   Atem ist ganz wertvoll für unser Leben: Wir atmen, um nicht zu ersticken. Der Atem kann aber auch etwas in Bewegung setzen, er kann etwas bewirken.

Verkündigung

P (E) Ich möchte euch heute aus der Bibel von einer Begebenheit erzählen, bei der die Freunde Jesu von jemanden in Bewegung gebracht worden sind, den sie nicht gesehen haben.

Lesung: Apg 2

P (E) Die Jünger hatten Angst, dass sie wie Jesus verhaftet würden. Sie sperrten sich in einem Raum ein und verschlossen alle Türen und Fenster.
„Am Pfingsttag kam vom Himmel her ein Brausen, wie wenn ein heftiger Sturm daherfährt und erfüllte das ganze Haus in dem sie waren. Alle wurden vom Heiligen Geist erfüllt" (Apg 2,2–3).
Nun hatten die Jünger plötzlich keine Angst mehr. Sie gingen sofort hinaus und erzählten allen Menschen von Gott.

Alternativ: Joh 20,19–23

Antwort

1. Vertiefung

E   Ihr habt doch sicher auch schon einmal Angst gehabt wie die Freunde Jesu, die Apostel. Ihr wart mutlos, allein oder traurig. Was habt ihr euch da am meisten gewünscht?

KK Dass jemand kommt, der mir Kraft und Mut gibt.

E   Jesus wusste, dass er nicht immer bei seinen Jüngern bleiben konnte. Deshalb hat er ihnen versprochen, dass er ihnen den Heiligen Geist schickt, der sie stärken soll, wenn sie mutlos sind und der sie trösten soll, wenn sie traurig und einsam sind.

2. Gebet zum Heiligen Geist

E   Wie der Atem unser Windrad angetrieben hat, so hat der Heilige Geist die Jünger in Bewegung gebracht, dass sie sofort alle verschlossenen Türen aufgerissen haben. Genauso kann der Heilige Geist auch uns immer wieder anstupsen, damit wir in Bewegung kommen. So dürfen wir zum Heiligen Geist rufen: Treibe uns an.

A   Treibe uns an.

KK dürfen bei jedem Ruf mit ihrem Atem das Windrad in der Mitte antreiben.

E   Wir brauchen dich, Heiliger Geist, wenn wir uns vertragen wollen. –

Wir brauchen dich, Heiliger Geist, wenn wir beten wollen. –

Wir brauchen dich, Heiliger Geist, wenn wir nicht mehr weiter wissen. –

Es gibt sicher auch Situationen, wo ihr etwas besonders Schönes erlebt habt, wo ihr begeistert wart. Auch dann dürfen wir zum Heiligen Geist rufen: Treibe uns an.

A   Treibe uns an.

Jetzt wird das Windrad bei jedem Ruf von den Kindern im Kreis weitergegeben und angepustet.

E   Sei bei uns, Heiliger Geist, wenn wir unseren Glauben weitergeben wollen. –

Sei bei uns, Heiliger Geist, wenn wir unsere **Hoffnung** weitergeben wollen. –

Sei bei uns, Heiliger Geist, wenn wir unsere **Liebe** weitergeben wollen. –

Sei bei uns, Heiliger Geist, wenn wir unsere **Freude** weitergeben wollen. –

Sei bei uns, Heiliger Geist, wenn wir unsere **Freundschaft** weitergeben wollen. –

Sei bei uns, Heiliger Geist, wenn wir unsere **Nähe** weitergeben wollen. –

Sei bei uns, Heiliger Geist, wenn wir unseren **Frieden** weitergeben wollen. –

3. Lied: Pfingstlied (Komme vom Vater, komme vom Sohn)
(Liederbücher, z. B. Troubadour für Gott, Nr. 642)

III ABSCHLUSS (S. 92)

1. Wort zum Mitnehmsel

E Du bekommst von uns nach unserem Schlusslied so ein Windrad geschenkt. Es soll dich daran erinnern, dass du den Heiligen Geist immer bitten darfst, dass er dir einen Stups gibt, wenn es in deinem Leben scheinbar nicht mehr weitergeht.

2. Segen

P(E) Es segne euch (uns) Gott, der Vater, der uns seinen Sohn gesandt hat.

Es segne euch (uns) Gott, der Sohn, der versprochen hat, den Heiligen Geist zu schicken.

Es segne euch (uns) Gott, der Heilige Geist, der uns immer wieder antreibt wie ein Windrad.

So segne euch (uns) der allmächtige Gott, + der Vater und der Sohn und der Heilige Geist.

A Amen.

3. Mitnehmsel: Windrad für jedes Kind

Juli
Wenn ich mit Gott reden möchte …

VORBEREITUNG

- Weihrauchfass und –schiffchen
- glühende Kohle

  Tipp: Es sind selbstzündende Kohlen zu empfehlen; eine Kohle hält die Glut zwischen 30 und 45 Minuten lang.

- Tamburin
- Pfeife
- verschiedene Orff-Instrumente
- Papier
- Wasser in einer Schale,
- Uhr mit mechanischem Uhrwerk
- Feder
- Mitnehmsel: Gebetslaterne
  (s. Anhang S. 102)

Aktion „Du gehörst dazu" (S. 21)

I   Eröffnung (S. 28)

II   Wort-Gottes-Feier

Hinführung

Den KK werden laute und leise Töne bzw. Geräusche vorgespielt:
laut: Tamburin, Pfeife, verschiedene Orff-Instumente – KK dürfen verschiedene Instrumente ausprobieren.
leise: Papierrascheln, Wasserplätschern, Wind, Vogelstimmen, Uhrticken, Fallen einer Feder – die leisen Geräusche sollen von den Kindern mit geschlossenen Augen erraten werden.

Impulsfragen für ein Gespräch mit den KK

E   Hast du etwas gehört? – Wie war das? – Wie hast du dich gefühlt?

Gesprächsziel: auch die leisen Töne, auch die Stille ist schön

E   Kann man sich unterhalten, wenn es laut ist, wenn man sein eigenes Wort nicht mehr versteht?

evtl. Demonstration

Gesprächsziel: Wenn wir uns unterhalten, verstehen wir uns besser, wenn es ruhig ist. Ebenso ist es bei dem Gespräch mit Gott: Es ist besser, wenn ich ruhig werde, weil ich Gott dann besser hören kann und besser zu ihm beten kann.

E   Worüber kann man mit Gott sprechen?

Gesprächsziel: danken, bitten, vertrauen, lieben, seine Sorgen

VERKÜNDIGUNG

Evangelium: Joh 17,6a.11b.12.15.17–18 (frei übertragen)

P (E) Jesus hat oft gebetet. Eines seiner Gebete möchte ich euch
jetzt vorlesen:
Jesus betete:
Vater, ich habe meinen Freunden, den Jüngern,
die du mir hier auf der Erde anvertraut hast,
von dir erzählt, und ihnen beschrieben, wie du bist.
Heiliger Vater,
lass sie weiter an dich glauben,
dass sie zusammenhalten wie wir beide.
Solange ich bei ihnen war,
konnte ich sie für dich begeistern.
Ich habe sie behütet
und keiner von ihnen ist verlorengegangen.
Ich bitte nicht, dass du sie jetzt aus dieser Welt zu dir holst,
sondern dass du sie vor dem Bösen beschützt.
Mach sie stark für deine Sache durch dein Wort.
Dein Wort ist die Wahrheit.
Wie du mich in die Welt geschickt hast,
so habe ich jetzt meine Jünger in die Welt geschickt.
Amen.

ANTWORT

1. Stilleübung

E Wir wissen jetzt schon: Für das Gespräch mit Gott ist es
wichtig, dass wir ruhig werden. Wir wollen versuchen, so
still zu werden, dass wir das Ticken der Uhr hören können.

2. Weihrauchgabe

*Ein Weihrauchfass mit einer glühenden Kohle und ein Weihrauchschiffchen
werden in die Mitte gestellt. Dann folgt eine kurze Erklärung des Weihrauch-
fasses; Weihrauchkörnchen werden herumgegeben:*

E Vielleicht habt Ihr schon einmal ein solches Weihrauchfass
gesehen. Es wird im Gottesdienst der Gemeinde gebraucht.

Die Ministranten tragen es. Im Weihrauchfass liegt eine glühende Kohle. Auf diese Kohle wird Weihrauch gestreut. Weihrauch wird aus Harz gemacht, dem Saft, der in den Bäumen ist. Weihrauch ist besonders wertvoll und er riecht sehr gut. Möchtest Du einmal daran riechen? …

KK riechen lassen

Für die Menschen war der aufsteigende Rauch schon immer ein Bild für das Gebet, das zu Gott aufsteigt.
Jeder von euch (auch die Eltern) darf nun ein Weihrauchkörnchen in die glühende Kohle fallen lassen und dabei laut oder leise ein Gebet zu Gott sprechen. Das kann z. B. ein Dank oder eine Bitte sein. Und so wie unsere Gebete laut oder leise zu Gott aufsteigen, so steigt auch der Weihrauch in den Himmel.

3. (Zusammenfassendes) Gebet

- Du hast uns Menschen geschenkt, die uns lieben und für uns sorgen. Dafür danken wir dir.
- Behüte uns bei allem, was wir tun. Darum bitten wir.
- Wir dürfen dir alles sagen, was uns traurig macht. Du hörst uns zu.
- Bitte pass gut auf die Menschen auf, die wir lieb haben.

III ABSCHLUSS (S. 92)

1. Segensbitte

2. Lied: Gott, dein guter Segen
(Liederbücher, z. B. Das Kindergesangbuch)

3. Mitnehmsel: Gebetslaterne
(s. Anhang S. 102)

August
Wenn ich Türen öffne

VORBEREITUNGEN

- Zeichnung eines Hauses ohne Türe
- Tür (mit Schlüsselloch und Klinke) aus Pappkarton
- Fußspuren (eine für jedes teilnehmende Kind)
- . Rucksack
- Taschenlampe
- Brezel
- Trinkflasche
- Pflaster
- ein Stückchen Seil
- Bilderrahmen
- großer Schlüssel
- Mitnehmsel: Schlüssel
  (s. Anhang S. 101)

Aktion „Du gehörst dazu" (S. 21)

I Eröffnung (S. 28)

II Wort-Gottes-Feier

Hinführung

KK wird die Zeichnung eines Hauses ohne Türe gezeigt.

E   Wenn du das Bild ansiehst, fällt dir sicher etwas auf.

KK   Es fehlt die Tür.

Eine Tür aus Tonpapier wird in die Zeichnung gelegt.

E   Braucht denn jedes Haus eine Tür?

KK   Ja

folgende oder ähnliche Antworten sind denkbar:

- Jedes Haus braucht eine Öffnung, um herauszukommen oder um hineinzukommen.
- Eine Tür bietet Schutz und Sicherheit, ich kann sie zumachen.

E   Wir alle haben ein Zuhause, das uns Schutz und Sicherheit bietet. Ein Zuhause, das eine Tür nach draußen hat.

KK   wird eine Tür aus Pappkarton gezeigt.

Da möchte ich natürlich wissen, was sich hinter der Tür, was sich draußen befindet. Ich bin ganz neugierig und gespannt. – Ich lade euch ein, dass wir miteinander zur Tür gehen.

Jedes Kind darf eine Fußspur zur Tür legen.

Bevor wir hinausgehen, möchte ich mit euch noch einen Rucksack packen, zur Sicherheit. Wir wissen ja nicht, was hinter der Tür ist.

E zeigt nacheinander eine Taschenlampe, eine Brezel, eine Trinkflasche, ein Pflaster, dazu:

- Wenn ich mal Angst habe: eine Taschenlampe gegen die Dunkelheit.

- Wenn ich Hunger habe: eine Brezel zum essen.
- Wenn ich einmal Durst habe: eine Trinkflasche, um trinken zu können.
- Wenn ich mir wehgetan habe: ein Pflaster.

Ich möchte euch auch noch ein paar Dinge einpacken, die ihr sicherlich gut brauchen könnt:

- Eine große Portion Mut und Selbstvertrauen: ich stecke dafür ein Stückchen Seil in den Rucksack.
- Jemanden, der mitgeht, wenn ihr es möchtet. Dafür steht der Bilderrahmen. Von wem würdest du gerne begleitet werden?

KK   Mama, Papa, Oma, Opa, Bruder, Schwester ...

E   Diesen Schlüssel packe ich auch noch mit hinein, er steht für die Gewissheit, immer wieder nach Hause kommen zu können.

Es gibt einen, der alle unsere Wege mitgeht, du weißt sicher, wen ich meine.

KK   Gott.

VERKÜNDIGUNG

Schriftlesung: Psalm 91,1–2.4.10–11

P (E)   Dass Gott alle unsere Wege mitgeht, haben Menschen vor schon sehr langer Zeit gewusst, sie haben gebetet:
Wer im Schutz des Höchsten wohnt,
und ruht im Schatten des Allmächtigen,
der sagt zum Herrn:
„Du bist für mich Zuflucht und Burg,
mein Gott, dem ich vertraue."
Er beschirmt dich mit seinen Flügeln,
unter seinen Schwingen findest du Zuflucht.
Schild und Schutz ist dir seine Treue.
Dir begegnet kein Unheil.
Denn er befiehlt seinen Engeln,
dich zu behüten auf all deinen Wegen.

Antwort

Fürbittgebet

E   Gott, unser Wegbegleiter, du bist immer bei uns. Einige von uns machen sehr bald eine neue Türe auf: Sie kommen in die Schule. Für sie und für uns alle bitten wir dich:

K   *(Schulanfänger:)* Lieber Gott, ich bitte dich für alle Schulkinder: Behüte uns auf unserem Schulweg und in der Schule.

E   Guter Gott, wir bitten dich für alle Kinder: Sie werden die unterschiedlichsten Türen öffnen und viele verschiedene Wege gehen. Manchmal werden sie umkehren, manchmal weitergehen, ohne sich umzusehen. Lass sie spüren, dass du sie immer behütest.

E   Guter Gott, unsere Kinder werden größer und ihre eigenen Wege gehe, vielleicht Wege, die wir nicht verstehen. Schenke uns die Güte und Warmherzigkeit, ihnen die Freiheit zu geben, die sie brauchen – auch die Freiheit, immer wieder heimkehren zu können.

III Abschluss (S. 92)

1. Segensbitte

2. Lied: Gott, dein guter Segen
(Liederbücher, z. B. Das Kindergesangbuch)

3. Wort zum Mitnehmsel

E   Wir sind jetzt gut ausgerüstet, um unsere Tür zu öffnen. Wir möchten euch als Mitnehmsel einen Schlüssel schenken, der die Vorfreude ausdrückt, eine Tür aufmachen zu können, und die Sicherheit, immer wieder nach Hause kommen zu können.

4. Mitnehmsel: Schlüssel
(s. Anhang S. 101)

September
Dich gibt es nur einmal

VORBEREITUNG

- Mosaikwindlicht
- verschiedene Legematerialien
- Handspiegel für jedes teilnehmende Kind
- Nagellack
- Mitnehmsel: Spiegel

  Tipp: Vielleicht gibt es in Ihrer Nähe einen Glaser, der Ihnen aus Spiegelresten oder -verschnitt kleine Handspiegel schneidet. Es sollten dann die Ränder geschliffen werden, um die Kanten zu entschärfen.

AKTION „DU GEHÖRST DAZU" (S. 21)

I   ERÖFFNUNG (S. 28)

II   WORT-GOTTES-FEIER

HINFÜHRUNG

E   Wenn wir einander begegnen, wenn wir uns treffen, auf der
Straße oder wenn wir zu Besuch kommen, steht an erster
Stelle die Begrüßung. Mit der Begrüßung wollen wir ausdrücken, dass wir uns freuen, dass der andere da ist. Wir haben
euch alle zusammen zu unserem Gottesdienst begrüßt. Wir
freuen uns, dass ihr da seid. Ja, wir freuen uns über jeden
einzelnen von euch, dass er oder sie da ist. Wir freuen uns
so sehr, dass wir das zeigen müssen. Diese Freude können
wir am besten durch ein Lied ausdrücken, zu dem ich euch
ganz herzlich einladen möchte:

Lied: Ich bin da und du bist da
(s. Anhang S. 105)

VERKÜNDIGUNG

Evangelium: Lk 12,6f

P (E) Jesus sagte zu seinen Freunden, den Aposteln: „Verkauft
man nicht fünf Spatzen für ein paar Pfennig? Und doch vergisst Gott nicht einen von ihnen. Bei euch aber sind sogar
die Haare auf dem Kopf alle gezählt. Fürchtet euch nicht!
Ihr seid mehr wert als viele Spatzen."

ANTWORT

1. Vertiefung

KK wird ein Mosaikwindlicht gezeigt.

E   Gefällt dir dieses Licht auch so gut? – … Kannst du mir sagen, warum es für dich so schön ist?

KK	Weil es in verschiedenen Farben leuchtet, aus verschiedenen Formen besteht und durch jedes Mosaiksteinchen das Licht anders durchscheint.
E	Du darfst jetzt aus verschiedenen Steinen und Plättchen so ein Muster vor dich hinlegen.

Jedes Kind legt ein Muster nach seinem Geschmack. Es entstehen verschiedene Muster.

E	Jede, jeder von euch hat ein ganz eigenes Muster gelegt. Schau dich doch mal um, wie schön diese Muster geworden sind. – Jedes für sich ist anders. Ihr habt euch Mühe gegeben, habt euch angestrengt, um ein schönes Muster zu legen. Jeder hat sich seine eigenen Gedanken gemacht.

KK bekommen nun einen kleinen Spiegel in die Hand.

Halte den Spiegel so, dass du dich in ihm sehen kannst. – Und jetzt betrachte dich einmal ganz genau …

Lege nun den Spiegel vor dich hin und schau die anderen Kinder um dich herum an. – Sehen wir alle gleich aus? – Oder haben wir verschiedene Augen-, Haarfarben, Nasen usw.? …

Wir sind alle verschieden, jede(r) sieht anders aus. Jeder ist etwas ganz besonderes, und keiner sieht dem anderen gleich. Selbst bei Zwillingen gibt es Unterschiede. – Jeder von uns hat auch andere Fähigkeiten und andere Interessen, z. B. mögen manche Pferde und reiten gerne, einige spielen gerne Fußball, und andere malen gerne.

Ja, du bist einmalig. Es gibt etwas, das dich von allen anderen Menschen unterscheidet, das nur du allein auf der ganzen Welt hast, etwas, an dem man dich unverwechselbar erkennen kann, auch wenn man dein Gesicht gerade nicht sieht: dein Fingerabdruck. Er sagt, du bist etwas ganz besonderes, du bist einmalig auf dieser Welt.

Diesen einzigartigen, deinen Fingerabdruck darfst du auf den kleinen Spiegel machen, den ihr gerade bekommen habt. Dazu malen wir euren Zeigefinger mit Nagellack an. Du darfst dann den Finger auf den Spiegel drücken. Und jedes Mal, wenn ihr in den keinen Spiegel seht, werdet ihr daran erinnert, mich gibt es nur ein einziges Mal auf dieser Welt und Gott weiß um mich.

E malt den Kindern nacheinander eine Fingerkuppe mit Nagellack an und hilft beim Andrücken auf dem Spiegel. Bei einer großen Zahl teilnehmender Kinder empfiehlt sich eine zweite Person, die Nagellack aufträgt. Nagellack hat sich bewährt, da er schnell trocknet und auf der Spiegeloberfläche hält.

2. Lied: Es läuten alle Glocken, Strophe 3–4
   (s. Anhang S. 103)

3. Fürbitten

P (E) Gott, unser Vater, wir sind dir so wichtig, dass du uns ganz genau kennst, sogar unsere Haare auf dem Kopf sind gezählt. Du willst, dass es uns gut geht. Wir dürfen daher mit unseren Bitten zu dir kommen:

E • Guter Gott, du liebst mich wie ich bin, mit meinen Stärken und Schwächen. Hilf mir dabei, Kindern beizustehen, die ausgelacht oder geärgert werden, weil sie schwächer sind.

E • Guter Gott, mach uns stark, dass wir stets bemüht sind, unser Bestes zu geben und dabei auf andere Rücksicht zu nehmen.

E • Guter Gott, ich habe mir viel vorgenommen und möchte viel erreichen. Du hast mir dazu viele Fähigkeiten gegeben. Hilf mir, dass ich diese Fähigkeiten nicht verkommen lasse, sondern so gut ich kann einsetze.

P (E) Gott, unser Vater, wir sind deine Kinder, die du liebst. Auch wenn wir einmal Sorgen haben, wenn wir ängstlich sind und nicht mehr weiterwissen, bist du bei uns. Wir brauchen uns nicht zu fürchten. – Wir loben und danken dir dafür. Amen.

III ABSCHLUSS (S. 92)

Mitnehmsel: Spiegel mit dem eigenen Fingerabdruck

Oktober

„Zieh den Kreis nicht zu klein"

VORBEREITUNG

- Puzzle aus etwa 20 Teilen

  Tipp: Sie können das Puzzle selbst herstellen, indem Sie ein Bild in die notwendigen Teile zerschneiden. Die Formen werden einfach auf der Rückseite vorgezeichnet. Alternativ könnten Sie z. B. auch ein Bild der Pfarrkirche in einem Fotolabor vergrößern und gleich als Puzzle anfertigen lassen.

- Mitnehmsel: Mandala (als 5-teiliges Puzzle)

AKTION „DU GEHÖRST DAZU" (S. 21)

I ERÖFFNUNG (S. 28)

II WORT-GOTTES-FEIER

HINFÜHRUNG

E Ihr wisst sicher, welches Fest wir jetzt im Oktober feiern – ein Fest, bei dem wir Gott für alles danken, was er wachsen lässt.

Vielleicht befindet sich ein Erntedankaltar in der Kirche, der als „Aufhänger" dienen kann.

KK Wir feiern Erntedank.

E Gott hat alles erschaffen, die Früchte, das Gemüse, das Getreide, die Pflanzen, die Tiere, dich und mich. In unserem letzten Gottesdienst haben wir erfahren: Mich gibt es nur einmal. Wir wollen Gott dafür danken, dass wir da sind, dass es uns gibt.

Dankgebet

E Gott, du hast alles gut geschaffen. Auch uns. Du lässt alles wachsen. – Dafür danken wir dir.

KK Dafür danken wir dir.

E Es ist schön, dass es mich gibt, dass ich da bin. Wir wollen uns in unserem Kreis umschauen …

Ja, es sind mit uns noch andere gekommen, es sind auch noch andere da. Gut, dass wir nicht allein sind. Es kann viel entstehen, wenn alle zusammenhelfen. Darum wollen wir jetzt etwas gemeinsam tun. Jeder von euch erhält ein Puzzleteil. Damit unser Bild entstehen kann, müssen alle mitmachen …

KK legen in der Mitte ein Puzzle.

E	Habt Ihr es gemerkt? Manche von euch können besonders gut puzzeln und haben anderen dabei sogar helfen können. Jeder von uns hat besondere Fähigkeiten.

KK werden nach ihren Fähigkeiten gefragt.

E	Was kannst du besonders gut? ...

E könnte mit einem Beispiel die Kinder zum Antworten anregen, etwa:

Ich spiele gerne mit anderen im Sand, weil man größere Sachen bauen kann und weil ich weiß, wie man einen Tunnel baut und es anderen zeigen kann.

Wann fühlt ihr euch besser: Wenn einer, der sehr gut bauen kann, euch mitspielen lässt und euch alles zeigt, oder wenn er sagt: „Das kannst du nicht. Dafür bist du noch zu klein."

KK	Wenn wir mitspielen dürfen ...
E	Es macht mehr Spaß, wenn wir Rücksicht aufeinander nehmen, andere teilnehmen und neue Kinder mitspielen lassen.

VERKÜNDIGUNG

P (E)	Jesus will, dass wir uns umeinander kümmern und füreinander sorgen. Das hat er oft zu seinen Jüngern gesagt. Wir hören davon jetzt in der Bibel, wie es uns von Matthäus aufgeschrieben worden ist.

Evangelium: Mt 25,40b

ANTWORT

1. Lied: Zieh den Kreis nicht zu klein
(Liederbücher, z. B. Troubadour für Gott, Nr. 115)

E	Jesus ermutigt uns dazu, andere mitmachen zu lassen, andere in unseren Kreis mit hineinzunehmen. Wir möchten das mit euch gleich einmal mit einem Lied ausprobieren. Dazu stehen wir alle auf ...

Zunächst fassen sich zwei Kinder an den Händen. Im Verlauf des Liedes werden nach und nach alle Kinder in den Kreis geholt, bis ein einziger großer Kreis entsteht.

2. Gebet

E   Lieber Gott,
teilen und Rücksicht nehmen ist nicht immer leicht.
Gib uns gute Augen,
dass wir sehen, wann uns andere brauchen.
Gib uns hilfsbereite Hände,
dass wir mit ihnen Gutes tun.
Gib uns offene Ohren,
dass wir immer hören, wenn jemand Hilfe braucht.
Gib uns ein liebendes Herz,
dass wir von unserer Zeit
und unseren Fähigkeiten schenken können.
Amen.

III   ABSCHLUSS (S. 92)

Mitnehmsel: 5-teiliges Puzzle, das sich zu einem Mandala zusammensetzen lässt.

November

In Gottes Haus

Vorbereitung

- Hula-Hoop-Reifen
- 2 Kordeln
- Kleinteile, z. B. kleine Scheiben aus Holz oder Tonpapier o. ä.
- Materialien zum Verzieren
- gelbes Tuch
- Bibel
- bunte Wollfäden
- Mitnehmsel: Haus
  (s. Anhang S. 99)

Aktion „Du gehörst dazu" (S. 21)

I Eröffnung (S. 28)

II Wort-Gottes-Feier

Hinführung

E   Wir alle leben auf der Erde.

E legt einen Hula-Hoop-Reifen in die Mitte.

Du und du und du.

KK legen für jede eine Holz- oder Tonpapierscheibe o. ä. in den Erdkreis.

E   Jeder ist etwas besonderes

KK verzieren die Holz- oder Tonpapierscheiben.

E   Wir kennen einander, z. B. Sebastian kennt Lisa.

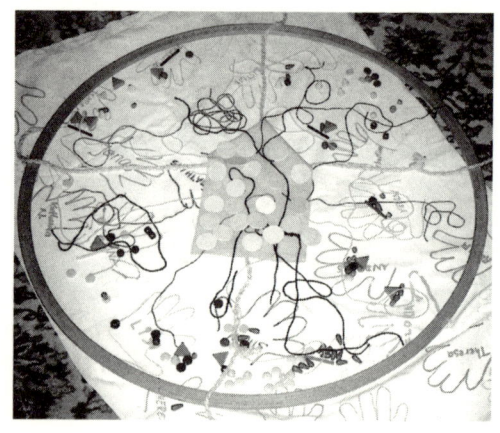

Sebastian und Lisa verbinden ihre Scheiben mit einer Kordel und legen sie über den Kreis.

Und Lea kennt Simon.

Lea und Simon „verbinden sich" mit einer weiteren Kordel und legen sie in Kreuzform über die Kordel von Sebastian und Lisa.

Wir haben eines gemeinsam: Wir sind Christen und gehören zu Jesus. Das Zeichen für Jesus ist das Kreuz.

E deutet auf das Kreuz aus Kordeln:

Jeder von uns braucht einen Ort, wo er oder sie sich wohl fühlt: ein Zuhause. Du wohnst sicher auch in einem Haus.

Eigenschaften: z. B. warm, gemütlich usw.

VERKÜNDIGUNG

P (E) Jesus wurde einmal gefragt, was sein wird, wenn wir nicht mehr da sind, wenn wir tot sind:

Evangelium: Joh 14,2–3

ANTWORT

1. Vertiefung

E   *legt ein Haus in die Mitte:*

Das ist das Haus, von dem Jesus erzählt hat. Wir alle sind unterwegs dorthin.

KK legen den Weg von sich zum Haus mit Wollfäden, evtl. auch verschlungen.

E   Wenn wir einmal sterben, dürfen wir alle in das Haus, von dem Jesus erzählt hat.

KK fahren mit den Holz- oder Tonpapierscheiben den Wollfäden bis ins Haus nach.

E   Was bleibt zurück?

KK   Die Verzierung.

E   Ja, das Besondere, das Einzigartige jedes Menschen, gute Begegnungen, gute Taten, der Handabdruck auf unserem Tuch, Fotos, Erinnerungen bleiben von jedem Menschen zurück.

(Hinführung und Vertiefung nach einer Idee von Thomas Brunnhuber)

2. Lied: In deinem Haus bin ich gern, Vater
(Liederbücher, z. B. Troubadour für Gott, Nr. 93)

3. Fürbitten

E   • Jesus, hilf uns, dass wir uns in unserer Kirche zu Hause fühlen.

E   • Jesus, deine Tür ist für alle offen, jeder darf zu dir kommen und sich bei dir geborgen fühlen. Hilf den Menschen, die dich suchen.

E   • Jesus, hilf uns, nicht zu vergessen, dass es allen Verstorbenen bei dir gut geht, gerade wenn wir manchmal traurig sind, dass sie nicht mehr bei uns sind.

4. Gebet

E   Unser Vater, einmal werden alle Menschen in deinem Hause wohnen. Alle werden leben. Wir freuen uns darauf. Jesus wohnt schon jetzt bei dir. Er hat uns von dir erzählt. Wir danken dir!

III   Abschluss (S. 92)

Mitnehmsel: Haus
(s. Anhang S. 99)

Dezember
Simeon wartet

VORBEREITUNG

- kleines Tischtuch
- Tassen
- Teller
- Blumen
- Servietten
- Wanduhr
- Triangel
- adventliche Gegenstände (z. B. Plätzchen, Tannenzweige, Strohsterne, Adventskalender …)
- Geschenk
- Mitnehmsel: Christbaumkerze

Aktion „Du gehörst dazu" (S. 21)

I Eröffnung (S. 28)

II Wort-Gottes-Feier

Hinführung

E   Ihr habt doch sicher schon alle einmal Besuch bekommen. Wen habt ihr gern zu Besuch?

KK   Oma, Opa, Tante, Freunde …

E   Wenn Besuch kommt, gibt es sicher viel vorzubereiten.

KK   Putzen, Aufräumen, Einkaufen, Backen, Tischdecken …

Mit den Kindern wird gemeinsam ein kleines Tischtuch auf dem Boden ausgebreitet, Tassen, Teller, Blumen und Servietten werden darauf gedeckt.

E   Wenn wir mit unseren Vorbereitungen fertig sind, müssen wir oft noch auf den Besuch warten. Wir sehen immer wieder auf die Uhr.

KK wird eine Wanduhr gezeigt.

Wir warten.

Die Uhr wird langsam vorgestellt.

Und irgendwann hat das Warten ein Ende: Es klingelt.

K darf z. B. mit einer Triangel ein Läutzeichen geben.

Es hat geklingelt, wie fühlst du dich dann?

KK   Ich freue mich, ich bin neugierig und gespannt, ich will sofort an die Türe rennen …

E   Die Türe geht auf. Du sollst jetzt den Besuch begrüßen. Wie machst du das?

KK   Ich umarme den Besuch, wir geben uns die Hand, wir freuen uns, wir setzen uns alle an den gedeckten Tisch und feiern.

VERKÜNDIGUNG

P (E) Ich möchte euch nun die Geschichte eines alten Mannes vorlesen, der sein ganzes Leben auf jemanden gewartet hat. Diese Geschichte steht in der Bibel:

Evangelium: Lk 2,25–32

ANTWORT

1. Vertiefung

E   Simeon hat sein ganzes Leben auf Jesus, auf das Licht der Welt, gewartet. Wir haben jetzt Adventszeit. Advent heißt: Ankunft. Jemand will zu uns kommen. Auf wen warten wir denn im Advent?

KK   Auf Jesus, auf das Christkind.

E   Das Warten kann ziemlich lang werden. Der Advent dauert immerhin vier Wochen. Wenn man nichts tut, wird es schnell langweilig. Ihr habt doch sicher etwas mit euren Eltern in dieser Wartezeit vor.

KK   Wir backen Plätzchen und schmücken das Haus, wir zünden Kerzen am Adventskranz an, öffnen Türen im Adventskalender, kaufen einen Christbaum und Geschenke. Wir freuen uns auf Weihnachten.

Adventliche Gegenstände werden dazu auf den „gedeckten Tisch" gelegt: Plätzchen, Tannenzweige, Strohsterne, Adventskalender, Geschenk …

E   Ihr wisst jetzt sicher, was das Wichtigste an Weihnachten ist?

KK   Dass Jesus geboren ist.

Die Jesus-Kerze wird angezündet.

E   Wir wollen Jesus in unserer Mitte begrüßen und die „Jesus-Kerze" auf den von uns gedeckten Tisch stellen.

2. Lied: Du bist das Licht der Welt
(Liederbücher, z. B. Troubadour für Gott, Nr. 59; nur den Refrain 2–3mal singen)

E   Jesus ist damals zu den Menschen gekommen, um sie froh zu machen. Auch Simeon wurde froh und glücklich, als er Jesus sah, so froh, wie er noch nie in seinem Leben war. Er weiß: Nun wird alles gut. Wir feiern an Weihnachten, dass Jesus auch zu uns kommen will. Er kommt zu jedem von uns, in unser Herz. Er will auch uns froh und glücklich machen.

3. Gebet

E   Lieber Gott, warten fällt uns schwer. Schenke uns die Geduld von Simeon, der sein ganzes Leben auf Jesus gewartet hat, damit wir erwarten können, was wirklich wichtig ist. Amen. Simeon hat sein Leben lang auf Jesus gewartet. Schenke auch uns so viel Geduld, damit wir erwarten können, was wirklich wichtig ist. Amen.

III ABSCHLUSS (S. 92)

1. Wort zum Mitnehmsel

E   Wir warten auf Weihnachten, auf die Geburt von Jesus. Jesus ist das Licht der Welt. Wir wollen euch diese Kerze mit nach Hause geben. Sie möchte euch an Simeon erinnern, der auch auf Jesus gewartet hat. Fragt eure Eltern, ob ihr eure kleine Kerze an Weihnachten am Christbaum anzünden dürft.

2. Mitnehmsel: Christbaumkerze

Christophorus

Einander tragen

VORBEREITUNG

- blaue Tücher
- Bilderbuch
- Bibel
- CD-Player
- Musik
- Plaketten
- Schälchen oder Tablett für die Plaketten
- Mitnehmsel: Christophorus-Plakette

  Tipp: Christophorus-Plaketten erhalten Sie für ca. 0,15 DM in Devotionalienläden größerer Städte oder z. B. an Wallfahrtsorten.

I ERÖFFNUNG (S. 28)

II WORT-GOTTES-FEIER

HINFÜHRUNG

1. Legende des von Christophorus

E Wir wollen euch eine Geschichte erzählen von einem großen und starken Mann, der dem mächtigsten Herrn dienen wollte.

Die Geschichte sollte zu den Bildern des Buches **Christophorus** *(Kett/ Schmidt/Frison, Christophorus, RPA-Verlag, Gaußstr. 8, 84030 Landshut) frei erzählt werden. Illustrationen, die uns zu gespenstisch erschienen, haben wir den Kindern nicht gezeigt. Den Text haben wir wie folgt zusammengefasst:*

Es lebte einmal ein Riese.

[Bild 1]

Sein Name war Ophorus. Er war bärenstark. Brauchte er einen Wanderstock, riss er einen Baumstamm aus. Er hatte sich in den Kopf gesetzt, nur dem mächtigsten Herrn dieser Erde zu dienen. „Du musst in das Reich des Ataxerxes gehen", sagten die Leute zu ihm. Er war der mächtigste König der Erde.

[Bild 2]

Der König nahm ihn mit Freuden auf. Sahen die Feinde den Riesen,

[Bild 3]

ergriffen sie vor Schrecken die Flucht. Am Himmel zog ein gewaltiges Gewitter auf. Der König sah zum Himmel und bekam große Angst.

[Bild 4]

Der Riese spürte, der König ist doch nicht der mächtigste König der Erde. So nahm Ophorus Abschied und suchte weiter.

Auf seiner Suche diente er vielen mächtigen Herren. Eines Tages kam er auch zum Teufel.

[Bild 7]

Er war überzeugt davon, dem mächtigsten Herrn zu dienen. Doch einmal kamen sie an ein Wegkreuz. Ängstlich duckte sich der sich der Teufel vor dem Kreuz. Als Ophorus das sah, sagte er: „Leb wohl, du bist auch nicht der richtige Herr für mich." Und er zog weiter.

„Wer ist der Mann am Kreuz", fragte Ophorus die Menschen.

[Bild 8]

„Wo kann ich ihn finden?" Ein alter Mann sagte: „Hier fließt ein reißender Fluss. Kein Schiff kann ihn überqueren, keine Brücke ihn überspannen. Du aber bist groß und stark. Du kannst die Menschen hinübertragen. So dienst du dem guten Herrn dieser Erde. Geh hin und warte, er wird dir dort begegnen."

Da setzte sich der Riese ans Ufer und wartete.

[Bild 9]

Er wartete und trug die Menschen über den Fluss. Eines Nachts hörte der Riese eine Stimme: „Ophorus, komm und setz mich über." Er schaute über den Fluss und wunderte sich sehr,

[Bild 10]

denn am anderen Ufer stand ein kleines Kind. „Nur ein Kind", dachte Ophorus und hob es auf seine Schultern.

[Bild 11]

Dann stieg er in den Fluss. Je weiter er schritt, desto schwerer wurde ihm die Last. Dem Riesen war es, als trüge er Himmel und Erde zugleich auf den Schultern. Da plötzlich gingen ihm die Augen auf.

[Bild 12]

Er erkannte in dem Kind den Größten und Mächtigsten, den Herrn über Himmel und Erde, Jesus Christus. Am anderen Ufer setzte Ophorus das Kind behutsam nieder. Es schaute ihn freundlich an und sagte: „Wenn du den Armen dienst, dann dienst du mir.

[Bild 13]
Wenn du die Kleinen und Schwachen trägst, dann trägst du mich. Ich gebe dir einen neuen Namen. Du sollst nicht mehr Ophorus heißen, sondern Christophorus. Das heißt: der, der Christus trägt."

2. Einfühlungsübung

E   Christophorus hat erfahren, wie schwer es sein kann, jemanden zu tragen. Das dürft ihr jetzt auch ausprobieren und euch gegenseitig hochheben.

KK tragen sich gegenseitig.

E   Damit ihr spürt, wie schön es ist getragen zu werden, sind eure Eltern eingeladen, euch über den Fluss zu tragen, den wir aus blauen Tüchern legen.

EE tragen ihre Kinder über Fluss aus blauen Tüchern; im Hintergrund wird leise Meditationsmusik gespielt.

VERKÜNDIGUNG

P (E) Christophorus hat in Jesus Christus den mächtigsten Herrn der Welt gefunden. Auch die Freunde Jesu haben das gewusst. Zu ihnen sagte Jesus einmal:

Evangelium: Mt 25,35–36.40b

ANTWORT

1. Vertiefung

Nach dem Evangelium haben wir mit den Kindern die Statue des heiligen Christophorus in unserer Kirche gesucht und dort die Figur mit den Kindern betrachtet. Alternativ könnte natürlich auch das Titelbild des Buches oder eine andere Darstellung Verwendung finden.

E   Der heilige Christophorus ist der Schutzheilige für alle, die unterwegs sind. Bald beginnt die Urlaubszeit und manche von uns fahren in die Ferien, Andere unternehmen Ausflüge, fahren ins Schwimmbad oder besuchen Freunde und Verwandte. Sie werden unterwegs sein mit dem Auto, mit dem Zug oder sogar mit dem Flugzeug.

2. Gebet mit Christophorus

P (E) Heiliger Christophorus, wir vertrauen darauf, dass du für uns bei Jesus eintrittst. Mit dir zusammen wollen wir beten:

- Jesus, schütze alle, die auf unseren Straßen unterwegs sind.

A Wir bitten dich, erhöre uns.

E • Jesus, sei bei denen, die sich durch Unfälle verletzen.

E • Jesus, steh uns bei, dass wir gesund an unseren Zielen und später auch wieder zu Hause ankommen.

3. Segnung der Christophorus-Plaketten *(vgl. Benediktionale S. 214)*

P Lasset uns beten.

Allmächtiger Gott, wir danken dir, dass du deinen Sohn gesandt hast, um die Menschen aus dem Dunkel der Welt in das Licht der Verheißung zu führen. Wir bitten dich: Segne + auf die Fürbitte des heiligen Christophorus diese Plaketten. Sie erinnern uns daran, dass auch wir Christusträger sind. Hilf uns, rücksichtsvoll, hilfsbereit und verantwortungsbewusst füreinander zu sein. Das gewähre uns durch Christus, unseren Herrn.

A Amen.

P *besprengt die Plaketten mit Weihwasser.*

III ABSCHLUSS (S. 92)

Mitnehmsel: Christophorus-Plakette

Elisabeth von Thüringen
„Wenn das Brot, das wir teilen, als Rose blüht"

VORBEREITUNG

- kleines Podest
- ein schwarzes und ein braunes Tuch
- Krone
- Perlen
- Edelsteine
- Brokatstoff
- Silberkugel
- Münzen
- Herz
- „Elisabeth-Kerze"
- 10 Teelichter,
- spitze Steine
- Mitnehmsel: Rose

Aktion „Du gehörst dazu" (S. 21)

I Eröffnung (S. 28)

II Wort-Gottes-Feier

Die angezündete „Jesus-Kerze" wird auf den Altar gestellt und das schwarze Tuch auf dem Boden ausgebreitet, dann:

Hinführung

E   Vor vielen hundert Jahren stand in Thüringen eine große Burg, die vom Landgrafen Ludwig und seiner Frau Elisabeth bewohnt wurde.

Über ein kleines Podest wird ein braunes Tuch gebreitet, darauf wird eine Krone gelegt.

Ludwig und Elisabeth waren sehr reich, trugen schöne Kleider, kostbaren Schmuck und feierten gern große Feste.

Perlen, Edelsteine, Brokatstoff, Silberkugeln und Münzen, Zeichen des Wohlstands, werden auf dem braunen Tuch verteilt.

Elisabeth und ihr Mann hatten sich sehr lieb und bekamen drei Kinder.

Ein Herz wird auf das braune Tuch gelegt.

Elisabeth, die wir mit dieser Kerze darstellen wollen, hat an Gott geglaubt und wollte zu allen Menschen gut sein, so wie es auch Jesus zu den Menschen war. Deshalb dürfen wir diese „Elisabeth-Kerze" an unserer „Jesus-Kerze" anzünden. So leuchtet durch Elisabeth das Licht von Jesus auf.

Die „Elisabeth-Kerze" wird an der „Jesus-Kerze" entzündet und in die Burg gestellt

Im Umkreis der Burg gab es viele Arme und Kranke.

10 Teelichter werden auf das schwarze Tuch gelegt.

Den Armen und Kranken ging es sehr schlecht.

Spitze Steine werden zu den Teelichtern gestellt.

Verkündigung

E   Elisabeth sieht die Menschen, denen es viel schlechter geht
als ihr, die Hunger haben, krank und einsam sind und frieren. Sie beschließt, ihnen zu helfen. Doch wie? – Da erinnert sie sich an das, was Jesus gesagt hat:

Evangelium: Joh 13,34ac

P (E)   Jesus sagte einmal zu seinen Freunden: „Ein neues Gebot
gebe ich euch: Wie ich euch geliebt habe, so sollt auch ihr
einander lieben."

Antwort

1. Vertiefung:

E   Siehst du, wie schön hell die Kerze jetzt brennt? – Wenn man
ganz vorsichtig die Hand an die Flamme hält, kann man auch
die Wärme spüren.

KK wird gezeigt, wie hell die „Elisabeth-Kerze" leuchtet.

Nun weiß Elisabeth, wie sie den Armen und Kranken helfen
kann: Sie bringt den Armen Brot und Kleidung, pflegt die
Kranken, hört den Alten zu und tröstet die Menschen.

Dazu werden die Teelichter mit der „Elisabeth-Kerze" angezündet.

E   Jetzt ist etwas Seltsames passiert: Wir haben viele Kerzen
angezündet. Ist dabei das Licht der „Elisabeth-Kerze" weniger
geworden?

KK   Nein.

E   Ja, die Flamme breitet sich aus, sie wird nicht weniger, sondern mehr. Mehr Licht, mehr Wärme. Was wir an der Kerzenflamme entdeckt haben, war genauso bei Elisabeth. Ihre Liebe
und Hilfsbereitschaft ist nie weniger geworden.

2. Bildbetrachtung

Bild der Elisabeth in typischer Darstellung wird gezeigt.

E   Ein Maler hat ein Ereignis aus dem Leben Elisabeths gemalt. Elisabeth verließ die Burg, um zu den Armen zu gehen. Unter ihrer Schürze trug sie einen Korb voll Brot. Ihr Mann Ludwig hielt sie auf und fragte: „Was versteckst du da unter deiner Schürze?" – Elisabeth schlug ihre Schürze zurück und das Brot im Korb hatte sich in Rosen verwandelt.

3. Lied: Wenn das Brot, das wir teilen, als Rose blüht
(Liederbücher, z. B. Troubadour für Gott, Nr. 140)

4. Gebet

E   Gott, du Vater der Armen,
du hast der heiligen Elisabeth
ein waches Herz für die Armen gegeben.
Auf ihre Bitte hin gib auch uns von deiner Liebe
und zeig uns,
wie wir anderen helfen können.
Darum bitten wir dich,
durch Jesus deinen Sohn. Amen.
(Nach: Tagesgebet vom Gedenktag Elisabeth von Thüringen, Schott-Messbuch für die Wochentage 2, S. 1613 / Messbuch 1975, S. 846)

III ABSCHLUSS (S. 92)

Mitnehmsel: Rose (ohne Dornen) für jedes Kind

Petrus

Petrus glaubt Jesus

- verschiedene kleine Gegenstände (z. B. Stein, Schnecken-haus, Blume, Würfel ...)
- Zeichnung von einem See
- Boot und Fische (aus Papier ausgeschnitten)
- kleines Netz
- Mitnehmsel: Aufkleber eines Fisches

AKTION „DU GEHÖRST DAZU" (S. 21)

I   ERÖFFNUNG (S. 28)

II   WORT-GOTTES-FEIER

HINFÜHRUNG

E versteckt hinter dem Rücken in der Hand verschiedene Gegenstände, z. B. Stein, Schneckenhaus, Blume, Würfel …
Den KK wird in der geschlossenen Hand ein Stein präsentiert, dazu:

E   In meiner Hand habe ich einen Stein versteckt. Stimmt das, wer glaubt mir?

KK   *antworten. – Die Hand wird geöffnet, und tatsächlich liegt ein Stein darin.*

E   In meiner Hand habe ich ein Schneckenhaus versteckt. Stimmt das, wer glaubt mir?

KK antworten. – Die Hand wird geöffnet, und tatsächlich liegt ein Schneckenhaus darin.

In gleicher Weise wird auch mit anderen Gegenständen verfahren, dann:

E   In meiner Hand habe ich ein Geldstück versteckt. Stimmt das, wer glaubt mir?

KK antworten. – Die Hand wird geöffnet, und statt des versprochenen Geldstücks liegt ein Würfel darin.

E   Was ist nun geschehen? Ich habe etwas behauptet, was nicht stimmt. Also habe ich …

KK   Du hast gelogen!

VERKÜNDIGUNG

P(E)   Jesus hat nie gelogen. Alles, was er gesagt hat, ist wahr. Dazu möchte ich euch eine Geschichte aus der Bibel vorlesen:

Evangelium: Lk 5,1-11 (gekürzt: 1.3–7.9.11)

P (E)   Als Jesus am Ufer des Sees Gennesaret stand, drängten sich viele Leute um ihn und wollten das Wort Gottes hören. Weil es so viele Menschen waren, stieg Jesus in das Boot, das Petrus gehörte, und bat ihn, ein Stück weit vom Land wegzufahren, damit sie ihn besser verstehen konnten. Als er seine Rede beendet hatte, sagte er zu Petrus: Fahrt hinaus auf den See! Dort werft eure Netze zum Fang aus! Petrus antwortete ihm: Meister, wir haben die ganze Nacht gearbeitet und nichts gefangen. Doch wenn du es sagst, werde ich die Netze auswerfen. Das taten sie, und sie fingen eine so große Menge Fische, dass ihre Netze zu reißen drohten. Petrus und alle seine Begleiter waren erstaunt und erschrocken, weil sie so viele Fische gefangen hatten. Danach zogen sie die Boote an Land, ließen alles zurück und folgten Jesus nach.

ANTWORT

1. Vertiefung

Das Evangelium wird nun mit den Kindern anhand einer Zeichnung, die in der Mitte liegt, eines ausgeschnittenen Bootes, ausgeschnittener Fische und anhand eines kleinen Netzes nacherzählt. Die Kinder dürfen dabei die Boote, die Fische und das Netz entsprechend der Geschichte bewegen. E schließt etwa mit folgenden Worten:

E   (…) Petrus hat Jesus geglaubt. Er hat gewusst: Was Jesus sagt, ist gut. Jesus sagt von sich selbst: Ich bin die Wahrheit. Wir können Jesus immer glauben. Petrus und die anderen Fischer waren nach dem Erlebnis von Jesu Geschichte so beeindruckt, dass sie von nun an bei ihm blieben und überall mit hingingen.

2. Gebet

E   • Jesus, du hast versprochen, dass du immer bei uns bist.

A   Jesus, wir glauben dir.

E   • Jesus, du hast versprochen, dass du keinen verloren gehen lässt.

     • Jesus, du hast uns erzählt, wie gütig und liebevoll Gott, unser Vater, ist.

     • Jesus, du hast uns gesagt, dass wir keine Angst haben brauchen.

3. Lied: Du, Herr, gabst uns dein festes Wort
(Liederbücher, z. B. Troubadour für Gott, Nr. 187 – geänderter Text: statt „Gib uns allen deinen Geist", hier „Herr, wir glauben dir!")

III ABSCHLUSS (S. 92)

1. Wort zum Mitnehmsel

E   Ihr kennt sicher schon ein Zeichen, ein Symbol für Jesus. Seht euch doch einmal in der Kirche um …

KK   Das Kreuz.

E   Es gibt noch ein weiteres Zeichen für Jesus, das die Christen noch viel früher verwendet haben. Das ist der Fisch. In der griechischen Sprache ergeben die einzelnen Buchstaben des Wortes Fisch die Anfangsbuchstaben von Jesus Christus, Sohn Gottes und Erlöser. Ich möchte euch einen kleinen Fischaufkleber schenken. Er soll euch genauso wie die Christen damals erinnern, dass wir Jesus immer glauben dürfen.

2. Mitnehmsel: Fisch als Aufkleber

Gleichbleibende Teile

ZUM ABSCHLUSS DES GOTTESDIENSTES

SEGEN

P (E) Es segne euch (uns) der allmächtige Gott,
       + der Vater und der Sohn und der Heilige Geist.
A   Amen.
A   *machen gemeinsam das Kreuzzeichen.*

SCHLUSSLIED

E   Unsere Freude über den schönen Gottesdienst wollen wir
       noch mit unserem Schlusslied ausdrücken:
Lied Guter Gott, danke schön
       (s. Anhang S. 109)

MITNEHMSEL

Zum Abschluss des Gottesdienstes wird das entsprechende „Mitnehmsel" aus-
geteilt.

ANHANG

Anleitungen

BEISPIELE FÜR DIE PERSÖNLICHE EINLADUNG

LUFTBALLON

zu: „Jesus möchte, dass unser Herz leicht wird wie ein Luftballon", S. 33

In einen Luftballon wird eine zusammengerollte Einladung gesteckt. Dieser wird dann aufgeblasen. Nun befindet sich die Einladung im Inneren des Luftballons.

TÜR ZUM AUFKLAPPEN

zu: „Wenn ich Türen öffne", S. 59

Ein Din A5-Blatt wird einmal gefaltet. Es entsteht eine Faltkarte im Din A6-Format. Auf die Vorderseite ist eine Tür kopiert, in der Innenseite verbirgt sich der Einladungstext.

BLUME

zu: „Du hast uns deine Welt geschenkt", S. 36

Die Einladung hat Kreisformat. Mit einer Wellenschere wird der Rand geschnitten. Die Einladung bekommt so die Form einer Blume.

Liebe
Kindergartenkinder!

Wir feiern unseren
Gottesdienst

am Sonntag, ―――――

um ――――― Uhr

in unserer Pfarrkirche
und laden Dich ganz herzlich dazu ein.

Dein Vorbereitungsteam

―――――――――――――― .

Wir freuen uns schon auf Dich,
bitte bring ein Sitzkissen mit.

Vorbereitungsteam der Pfarrgemeinde ――――――

© 1998, S. Nickl

Thema: „―――――――――――― "

SCHAF

zu: „Wo ich gehe, wo ich stehe, bist du, lieber Gott, bei mir", S. 29

1. Material
- weißes Tonpapier oder Fotokarton
- schwarzer Stift, um Ohren, Augen, usw. zu malen
- Wolle zum Aufhängen des Schafes
- Kopierte Zettel mit folgendem Gebet

> Wo ich gehe, wo ich stehe,
> bist du, lieber Gott, bei mir,
> wenn ich dich auch niemals sehe,
> weiß ich dennoch:
> DU BIST HIER.

2. Bastelanleitung
- Schaf aus Fotokarton ausschneiden
- mit schwarzem Stift Ohren, Auge usw. aufmalen
- Gebetszettel in das Schaf kleben (siehe Zeichnung)
- Aufhänger aus Wolle mit Nadel oder Klebestift befestigen

FINGER-ROSENKRANZ

zu: „Maria führt uns zu Jesus", S. 45

1. Material

- pro Fingerrosenkranz 10 Holzperlen, Durchmesser: 1 cm
- 1 Holzkreuz ca. 2 x 2 cm, erhältlich in allen Devotionalienläden
- Baumwollfäden zum Auffädeln

2. Bastelanleitung

- 10 Holzperlen auf Baumwollfaden auffädeln, zum Schluss das Kreuz
- den Knoten so nah und straff wie möglich am Kreuz binden und die Enden des Fadens kürzen
- den Knoten in die Bohrung des Kreuzes hineinziehen

HAUS

zu: „In Gottes Haus", S. 71

1. Material
- Ton oder z. B. Efa-Plast von Faber (Ton muss gebrannt werden, Efa-Plast trocknet an der Luft)
- Messer, um Konturen auszuschneiden
- Stricknadel oder ähnliches, um Fenster und Tür einzuzeichnen

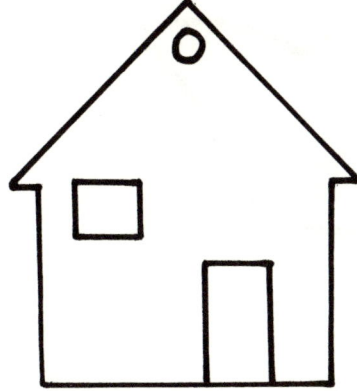

2. Bastelanleitung
- Ton ca. 1 cm dick ausrollen, Efa-Plast so dünn wie es geht (ca. 3 mm)
- Außenseiten des Hauses anhand der Schablone mit dem Messer ausschneiden
- mit der Verschlussklappe eines Filzstiftes o. ä. ein Loch zum Aufhängen durchdrücken
- Fenster und Tür mit Hilfe einer Stricknadel nur einritzen
- Verwendung von Ton: mindestens 2 Wochen trocknen und dann brennen lassen
  Efa-Plast trocknet selbstständig über Nacht

Vogel

zu: „Du hast uns deine Welt geschenkt", S. 36

1. Material
- Fotokarton in verschiedenen Farben
- Faltpapier in verschiedenen Farben
- Wolle oder Faden zum Aufhängen des Vogels
- Cutter oder scharfes Messer für Flügelschlitz (siehe Schablone)

2. Bastelanleitung
- Vogel aus Fotokarton ausschneiden
- Faltpapier ca. 1 cm breit zur Ziehharmonika falten
- mit Cutter oder scharfem Messer Schlitz in den Vogel schneiden
- Faltpapierflügel bis zur Hälfte durchstecken und beidseitig auseinanderziehen
- Faden oder Wolle zum Aufhängen mit einer Nadel durchziehen

SCHLÜSSEL

zu: „Wenn ich Türen öffne", S. 59

1. Material
- Goldfarbener Fotokarton

2. Bastelanleitung
- Vorlage auf Karton übertragen und ausschneiden
- diese Schablone auf goldfarbenen Fotokarton aufzeichnen
- Schlüssel ausschneiden

GEBETSLATERNE
zu: „Wenn ich mit Gott reden möchte …", S. 55

1. Material
- kleine Käseschachteln, Ø ca. 9 cm
- Streifen aus farbigem Kopierpapier (32 x 10 cm)
- etwas Speiseöl
- Pinsel
- Heißkleberpistole
- Teelichter

Du hast mir heute, Gott, so viel gegeben:
das Lachen mit den Menschen, die mir gut sind –
den warmen Sommerwind, der mit mir spielte –
das kleine Amsellied vor meinem Fenster –
den Sonnenstrahl, der durch die Wolken grüßte –
die Speise, die meinen Hunger stillte –
das gute Streicheln liebevoller Hände
und allezeit das Wissen, dass du da bist.
Ich danke dir, mein Gott, dass du mir nah bist.
Amen.

2. Bastelanleitung
- Gebetstext auf das farbige Papier kopieren, entsprechend ausschneiden (s. o.)
- Papierstreifen mit einem mit Öl getränkten Pinsel einstreichen
- überschüssiges Öl mit einem Küchentuch abtupfen
- Papier mit Heißkleber um die Käseschachtelhälfte kleben
- Enden des Streifens miteinander verkleben
- Teelicht hineinstellen

Lieder

Es läuten alle Glocken

1. Es läu-ten al - le Glo-cken, sie läu-ten nah und fern.
   Sie ru-fen uns zur Kir-che. Wir Kin-der kom-men gern.

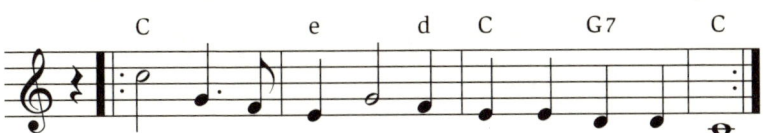

Gott liebt die Kin - der, er lädt uns al - le ein.
Gott liebt die Kin - der. Wir wol - len bei ihm sein.

2. Wir grüßen dich, Herr Jesus, im Gotteshause hier.
Wir sind nun deine Gäste. Wir danken dir dafür.
Kv Gott liebt die Kinder …

3. Lasst alle Kinder kommen. So sagt Herr Jesus Christ.
Sie sollen zu mir kommen und wehrt es ihnen nicht.
Kv Gott liebt die Kinder …

4. Er will uns glücklich machen, von Herzen froh und gut.
Als seinen Gotteskindern gibt er uns frischen Mut.
Kv Gott liebt die Kinder …

T: Hermann Bergmann   M: Hartmut Wortmann
aus: Liederbuch und CD „Es läuten alle Glocken"
© Lahn-Verlag, Limburg – Kevelaer

Bist du glücklich

XX = 2X KLATSCHEN

1. Bist du glück-lich, klatsch doch ein - fach in die

Hän-de, bist du glück-lich, klatsch doch ein - fach in die

Hän-de, bist du glück-lich, und du weißt es, ist das

bes - te, ja du zeigst es, bist du

glück-lich, klatsch doch ein - fach in die Hän - de.

2. Bist du glücklich, schnips doch einfach mit dem Finger ...
3. Bist du glücklich, schlag doch einfach auf die Knie ...
4. Bist du glücklich, stampf doch einfach mit dem Fuß ...
5. Bist du glücklich, ruf doch einfach laut: „Hurra!"...
6. Bist du glücklich, sag doch einfach: „Danke schön" ...

(Quelle unbekannt)

ICH BIN DA UND DU BIST DA

Ich bin da und du bist da und du bist da und

du bist da! Ich bin da und du bist da und

al-le sind wir da! Und die An-na ist da und die Ne-le ist

da und der Fe-lix ist da und der Si-mon ist da!

aus: Irmi und Hans-Georg Spangenberger, Dass Gott uns nicht vergisst. 12 Gottesdienste für Kinder von 3–7, Bernward bei Don Bosco, München 1996, S. 123

Du hast uns deine Welt geschenkt

1. Du hast uns dei - ne Welt ge - schenkt: Den
Him - mel, die Er - de. Du hast uns dei - ne
Welt ge - schenkt. Herr, wir dan - ken dir.

2. Du hast uns deine Welt geschenkt:
die Länder – die Meere.
Du hast uns deine Welt geschenkt:
Herr, wir danken dir.

3. Du hast uns deine Welt geschenkt:
die Sonne – die Sterne.
Du hast uns deine Welt geschenkt:
Herr, wir danken dir.

4. Du hast uns deine Welt geschenkt:
die Blumen – die Bäume.
Du hast uns deine Welt geschenkt:
Herr, wir danken dir.

5. Du hast uns deine Welt geschenkt:
die Berge – die Täler.
Du hast uns deine Welt geschenkt:
Herr, wir danken dir.

6. Du hast uns deine Welt geschenkt:
die Vögel – die Fische.
Du hast uns deine Welt geschenkt:
Herr, wir danken dir.

7. Du hast uns deine Welt geschenkt:
die Tiere – die Menschen.
Du hast uns deine Welt geschenkt:
Herr, wir danken dir.

8. Du hast uns deine Welt geschenkt:
Du gabst uns das Leben.
Du hast uns deine Welt geschenkt:
Herr, wir danken dir.

9. Du hast uns deine Welt geschenkt:
Du gabst uns das Leben.
Du hast uns deine Welt geschenkt:
Herr, wir danken dir.

T: Rolf Krenzer   M: Detlev Jöcker
aus: Buch, CD und MC „Viele kleine Leute"
© *Menschenkinder Verlag, 48157 Münster*

Bewegungstipp:
Str. 2: Länder – Hände zur Fläche nach vorn ausbreiten; Meere – Wellenbewegung mit den Händen.
Str. 3: Sonne – ausgestreckte Arme, Hände nach oben überkreuzt; Sterne – Hände öffnen sich, bleiben oben.
Str. 4: Blumen – Hände bilden einen Kelch; Bäume: Arme über dem Kopf verschränken.
Str. 5: Berge – Hände über dem Kopf schließen; Bäume – Arme über dem Kopf verschränken.
Str. 6: Vögel – Flugbewegungen mit ausgestreckten Armen; Fische – Schwimmbewegungen mit gefalteten Händen.
Str. 7: Tiere – Größe der Tiere ca. 50 cm über der Erde mit den Händen andeuten; Mensch: beide Arme in Brusthöhe ausgestreckt nach vorn.
Str. 8: Mit beiden Händen auf sich zeigen.
Str. 9: Den Kreis schließen, alle fassen sich an, gehen zur Mitte und heben die Hände zum Himmel. Langsam die Arme herunter und zurück in den großen Kreis. Der große Kreis geht langsam in die Runde.

Segne du, Maria

Seg - ne du, Ma - ri - a, seg - ne mich, dein Kind,

dass ich hier den Frie - den, dort den Him - mel find!

Seg - ne all mein Den - ken, seg - ne all mein Tun,

lass in dei - nem - Se - gen Tag und Nacht mich ruh'n!

Lass in dei - nem Se - gen Tag und Nacht mich ruh'n!

T: Cordula Wöhler
M: Karl Kindsmüller
© Bischöfliches Ordinariat Regensburg

GUTER GOTT, DANKE SCHÖN

Gu - ter Gott dan - ke schön, wenn wir jetzt nach
Hau - se gehn. Du magst uns al - le sehr,
dir sei Lob und Ehr! Fröh - lich
ge - he ich, denn der Herr seg - net mich.
Fröh - lich ge - he ich, er be - glei - tet mich.

T: Hermann Bergmann   M: Hartmut Wortmann
aus: Liederbuch und CD „Es läuten alle Glocken"
© Lahn-Verlag, Limburg – Kevelaer (Text leicht geändert von Peter Nickl)

Schriftstellen

*Die mit * gekennzeichneten Schriftstellen wurden für die Maiandacht: „Maria führt uns zu Jesus" verwendet.*

Liederbücher

- Rolf Krenzer, **Das große Liederbuch.** 135 religiöse Lieder für Kindergarten, Schule und Gottesdienst, Lahn-Verlag, Limburg ²1989.

- Rolf Krenzer, **Gottes guter Segen.** Neues großes Liederbuch. 201 religiöse Lieder für Kindergarten, Schule und Gottesdienst, Lahn-Verlag, Limburg 1994.

- Gerhard Krombusch, Ludger Edelkötter, **Weil du mich so magst.** Religiöse Kinderlieder. IMPULSE-Musikverlag, 2. verbesserte Auflage, Drensteinfurt 1989.

- Siegfried Fietz, Rolf Krenzer (Hrsg.), **Heißa, wir dürfen leben.** ABAKUS-Musikverlag, Greifenstein-Allendorf 1984.

- Kolping-Bildungswerk (Hg.),**Troubadour für Gott.** Diözesanverband Würzburg, Echter Verlag, Würzburg ²1991.

- Rolf Krenzer, Paul G. Walter, **Jesus lädt die Kinder ein.** Spiellieder zum NT, Christliche Verlagsanstalt, Konstanz, 1992.

- Rolf Krenzer, Ludger Edelkötter, **Du, ich geh einfach auf dich zu,** IMPULSE-Musikverlag, Drensteinfurt 1988.

- Bischöfliches Jugendamt Passau (Hrsg.), **Effata,** Passavia 1990.

- Angelika Pummer (Hrsg.), **Singet dem Herrn,** Verlag Herder, Freiburg i. Br. 1991.

- Lele und Detlev Jöcker, **Heut ist ein Tag, an dem ich singen kann,** Menschenkinder-Musikverlag, Münster.

- Andreas Ebert u. a., **Das Kindergesangbuch,** Claudius Verlag, München 1998.

- Waltraud Schneider, **Tanzend beten,** Beispiele für Gottesdienste in Gemeinde und Gruppe, Verlag Herder, Freiburg i. Br. 1996.

- Hannelie Jestädt, **Bewegung und Tanz im Familiengottesdienst,** leibhaftig beten, Verlag Butzon & Bercker, Kevelaer 1996.